Katharina König

Die 100 besten Tipps
Rund um den Kürbis

Der Kaiser des Gartens in seiner vielseitigen Anwendung

LUDWIG

Inhalt

Der Ursprung des Kürbisses wird in Amerika vermutet. Heute gibt es etwa 800 Sorten.

Eine dankbare Frucht: Kürbis kann gebacken, gekocht, gegrillt, frittiert, gebraten und eingelegt werden.

Sehr dekorativ: ein Kürbis als Blumenvase.

Vorwort

Während für die meisten Menschen im September die schönste Jahreszeit – der Sommer – zu Ende geht, beginnt für mich und meine Familie diese erst jetzt. Denn nun werden das hundert Tage lange Hegen, Pflegen und Warten belohnt: Die Kürbisse in unserem Garten sind erntereif!

Eine ganze Familie kürbisverrückt!

Was für ein prächtiges Bild bietet sich unseren Augen, wenn wir an einem Septembertag, nachdem sich die ersten Herbstnebel verzogen haben, zu unserem Kürbisfeld hinausgehen, bewaffnet mit Schubkarre, Erntemesser und einigen starken Helfern. Da sitzen gelbe Riesen einträchtig vereint neben farbenprächtigen Türkenturbanen. Da tummeln sich längliche Butternuts neben grün gestreiften Pâtissons, und etwas unscheinbarer daneben thront der Spaghettikürbis, der seine Besonderheit erst nach dem Garen preisgibt ... Und alle scheinen nur darauf zu warten, von mir verarbeitet zu werden! Zuvor heißt es jedoch, die oft enorm großen Kürbisse ins Haus zu transportieren! Haben Sie schon einmal versucht, eine zehn Kilogramm schwere Kugel mit riesigem Umfang, die nur schwer zu greifen ist, hochzuheben und wegzutragen? Hier muss mit allen Tricks gearbeitet oder ein starker Mann angeheuert werden.

1

Haben Sie die Kürbisliebhaberei neu entdeckt, so versäumen Sie möglichst keine Gelegenheit, sich mit Hobbygärtnern und -gärtnerinnen auszutauschen, um von deren »Kürbiserfahrungen« zu profitieren.

Herbstzeit – Kürbiszeit

Nach der Kürbisernte im Herbst bin ich weder für Kaffeekränzchen noch für andere sonst hoch geschätzte Unternehmungen zu haben. Denn nun läuft meine Küche auf Hochtouren: Das Erste, womit wir die neue Ernte feiern, ist ein Kürbismenü, welches mit einem großen Topf Kürbissuppe de luxe beginnt (alle Rezepte finden Sie ab Seite 30), sich in einem gebackenen Kürbishauptgericht fortsetzt und mit einem Kürbisdessert oder einer Kürbistorte endet. So gestärkt beginne ich mit dem Aussortieren der lagerfähigen Kürbisse, dem Einmachen, Einfrieren, Marmeladekochen ...

Der Kürbis – ein Allroundtalent

Wer allerdings glaubt, das Kürbisglück sei ausschließlich in der Küche zu finden, hat sich getäuscht: Kein anderes Gemüse bietet sich zum Dekorieren, Basteln und zum Spielen für Kinder so gut an wie der Kürbis. Jeder kennt die Kürbisgeister, aus deren Inneren ein Kerzenlicht schimmert. Und wie wäre es beispielsweise mit einer eleganten Tischdekoration aus goldgefärbten Kürbissen, kombiniert mit Sonnenblumen und Efeuranken?
Auch in der Hausapotheke sollte der Kürbis nicht fehlen. Denn neben dem wertvollen Kürbiskernöl sind vor allem die gesunden und schmackhaften Kürbiskerne ein ausgezeichnetes Hausmittel und können äußerst vielseitig eingesetzt werden.
Vor der Ernte und dem Genuss der Kürbisse stehen allerdings ihr Anbau und ihre Pflege. Doch selbst dem Gartenlaien kann der Kürbisanbau gelingen, da keine besonderen Kenntnisse oder gartenbaulichen Voraussetzungen nötig sind. Und mitzuerleben, wie aus einem kleinen Samenkorn innerhalb kurzer Zeit ein reifer Kürbis wird, fasziniert nicht nur Kinder, sondern auch die Gartenprofis immer wieder aufs Neue. Wie sonst kann man sich die jährlichen Kürbiswettbewerbe unter Gartenfreunden erklären, bei denen jeder mit Ehrgeiz und allerlei »geheimen« Pflegetipps versucht, den Preis für den größten Kürbis zu gewinnen?
Nun wünsche ich auch Ihnen viel Spaß und Freude mit diesem Kürbisratgeber. Viele Jahre Erfahrung und viel Liebe zu diesem wunderbaren Gemüse dienten mir als Basis für ein Buch, das sich vor allem an die Praktiker unter Ihnen wenden möchte, die weniger an der Frage interessiert sind, ob ein Kürbis nun zu den Sommer- oder Winterkürbissen zu rechnen ist, als vielmehr daran, was sich mit und aus Kürbissen alles machen lässt. Und das ist eine ganze Menge – überzeugen Sie sich selbst!

2

Ein Riesenkürbis-Wettbewerb mit Gartennachbarn beginnt Mitte Mai bei der Aussaat und endet zu einem ausgemachten Termin Anfang oder Mitte September. Idealerweise findet dann ein Kürbisfest statt.

Kürbisblüten sind eine optische Augenweide.

Wissenswertes vom Kürbis

Der Kürbis, als Gemüse, Viehfutter oder Zierpflanze angebaut, ist heute in der ganzen Welt verbreitet. Seinen Ursprung vermutet man allerdings in Amerika, von wo er dank Kolumbus in seiner ganzen Sortenvielfalt nach Europa gebracht und zunächst fast nur als Zierpflanze kultiviert wurde. Doch schon vor Kolumbus gab es in Europa Gewächse, die zur Familie der Kürbisse gehörten, wie beispielsweise die Melone oder der Flaschenkürbis.

Der Kürbis – eine der ältesten Kulturpflanzen

Während der Kürbis in Amerika traditionell als vielseitiges Gemüse beliebt und geschätzt ist, wird der einstige Liebling aus Großmamas Küche bei uns inzwischen als »Exot« unter den Gemüsesorten gehandelt, der von vielen Köchinnen und Köchen erst wieder neu entdeckt werden muss. Dabei gehört er zu den ältesten Kulturpflanzen, die die Menschheit kennt! Dank ihrer Genügsamkeit wachsen Kürbisse in den Hochlagen Perus und Mexikos ebenso gut wie im südlichen Europa, in Asien, Afrika oder auch in Russland.

3

In vielen naturkundlichen Museen können Sie gut erhaltene Exemplare von Kürbisgefäßen mit wunderbar geschnitzten Verzierungen bestaunen. Vielleicht findet sich ein solches Museum sogar in Ihrer Nähe.

Der Kürbis im Altertum

Archäologische Funde haben ergeben, dass sich Menschen schon kurz nach der ersten Eiszeit von Kürbissen ernährt haben. Von kaum einer anderen Pflanze liegen so viele prähistorische Funde vor!
Während wir uns heutzutage hauptsächlich den kulinarischen Freuden des Kürbisses widmen, diente er unseren Vorfahren als multifunktionales Talent im täglichen Leben: Ausgehöhlte Kürbisse dienten als

Körbe, Schalen und Kannen, in ihnen wurden Speisen, Wasser, Wein und Tabak aufbewahrt. Selbst der griechische Philosoph Diogenes, der einst in einer Tonne lebte, soll mit einer Kürbisschale Wasser geschöpft haben. Aus den reifen ovalen und hartschaligen Flaschenkürbissen wurden in Afrika neben Gefäßen auch Löffel, Spieße und andere Haushaltsgegenstände geschnitzt, Schwimmbojen für den Fischfang hergestellt und zudem Musikinstrumente gefertigt. Den südamerikanischen Indios sollen Kürbishüllen sogar als Penishalter gedient haben!

4

Für viele Chinesen gilt der »Kaiser des Gartens« als potenzsteigernde Pflanze. Die Wirkung ist umstritten, doch eine Handvoll rechtzeitig gekauter Kürbiskerne kann ja nicht schaden.

Mythen und Bräuche

Die amerikanischen Indianer fertigten sich Masken und Rasseln aus Kürbissen und banden sie in viele Zeremonien ein, mit denen sie nicht nur den Kürbissen selbst, sondern auch anderen wichtigen Nutzpflanzen wie dem Mais und der Bohne huldigten. Auch heute noch, in unserer »aufgeklärten« Zeit, ranken sich Geheimnisse, Geschichten und Mythen um den Kürbis; für viele Chinesen gilt der »Kaiser des Gartens« sogar als potenzsteigernde Pflanze!

5

Bereits im Altertum galten die Kürbiskerne als Aphrodisiakum. Auch heute noch wird ihnen in der Naturmedizin ein vielfältiges Wirkungsspektrum zugeschrieben.

Bereits im 3. Jahrhundert waren die vielfältigen Einsatzmöglichkeiten des Kürbisses bekannt – hier ein zum Kochen vorbereiteter Kürbis.

Kürbisfeste aus aller Welt

Dank seiner Vielfältigkeit wurde und wird der Kürbis in weiten Teilen der Welt verehrt, ihm zu Ehren werden zur Erntezeit viele Feste gefeiert, das bekannteste ist dabei wohl Halloween, das in Amerika am letzten Oktobertag gefeiert wird: Während dieses Fest heute hauptsächlich mit viel Plastik und Kitsch begangen wird, war es in früheren Zeiten eines der wichtigsten Feste im Jahreskreislauf. Halloween (von *hallow* = heilig), ein altes Druidenfest, hat seinen Ursprung bei den Kelten und wurde dort bei Novembervollmond gefeiert, um verstorbene Verwandte zu ehren. Ihnen stellte man Speisen und brennende Kerzen vor das Haus, um sie milde zu stimmen, wobei eine ausgehöhlte Steckrübe oder ein Kürbis, in den eine Kerze gestellt wurde, den Hexenmond symbolisieren sollte. Es wurde angenommen, dass die Toten in diesen Vollmondnächten ausflogen, um die Zukunft der noch lebenden Familienmitglieder zu offenbaren. Kein Wunder, dass es den Menschen in diesen Nächten so unheimlich war, dass sich keiner vors Haus wagte!
Apropos Feste und Feiern: Könnten Sie sich ein Erntedankfest, eine Erntedanktafel ohne Kürbis vorstellen? Dank seiner Größe und Wuchsfreudigkeit gilt er weltweit als *das* Symbol für die Fruchtbarkeit der Natur!

6

Wer im September einmal in die USA kommt, kann den Halloweenkult mit Plastikkürbissen, Gespensterkostümen und kitschigen Kürbisdekorationen erleben. Kinder sind davon meist begeistert. Es spricht also nichts dagegen, sich dort mit einem kleinen Vorrat für die nächste Party einzudecken.

Aus der Botanik

Der Kürbis ist für Botaniker ein hochinteressantes Gewächs, das im botanischen System zur Familie der Kürbisgewächse gehört. Innerhalb dieser Familie der Kürbisgewächse gibt es verschiedene Gattungen, so beispielsweise die Gattung *Cucumis*, zu der viele Melonenarten und auch die Gurke gehören; die Gattung *Citrullus*, zu der ganz speziell die Wassermelone gezählt wird, und nicht zuletzt die Gattung *Cucurbita*, der die meisten der Kürbissorten angehören. Innerhalb dieser Gattung *Cucurbita* wird wiederum zwischen vielen verschiedenen Kürbisarten unterschieden.

Kürbissorten – Kürbisarten

In den hiesigen Breiten gehören die Gartenkürbisse (*Cucurbita pepo*), die Riesenkürbisse (*Cucurbita maxima*), die Moschuskürbisse (*Cucurbita moschata*) und die Feigenblattkürbisse (*Cucurbita ficifolia*) zu den wichtigsten Obergruppen, wobei diese Einteilung in jedem Land etwas anders gehandhabt wird. Und obwohl diese Einteilung unter Botanikern ganz sicher ihre Berechtigung hat, halte ich sie für Nichtbotaniker für verwirrend: So finden sich beispielsweise unter den Riesenkürbissen Sorten, die gerade einmal zehn Zentimeter groß werden! Und zu den Gartenkürbissen, hinter deren Namen man ausschließlich Gemüse vermuten mag, gehören beispielsweise auch die Ziersorten, die zwar wunderschön aussehen, aber ungenießbar sind. Die Botaniker unter Ihnen mögen es mir nachsehen, die Praktiker wahrscheinlich danken, dass ich meine persönliche Sortenauswahl nicht nach der jeweiligen botanischen Obergruppe klassifiziere, sondern die Sorten nach anderen Gesichtspunkten wie zum Beispiel Geschmack, Größe und Aussehen unterscheide.

7

Von den Botanikern werden die Kürbisarten nach der Art ihres Fruchtstielansatzes, der zum Beispiel kantig oder gefurcht sein kann, bestimmt.

Die größte Beere der Welt

Noch eine botanische Besonderheit sei hier angemerkt: Obwohl ich den Kürbis als Gemüse bezeichne – und es auch im Allgemeinen so üblich ist –, möchte ich darauf hinweisen, dass es sich rein botanisch betrachtet um Beerenfrüchte handelt, und zwar um die größten Beeren der Welt! Manche Botaniker nennen den Kürbis auch »Panzerbeere«, weil in seiner harten Schale das Fruchtfleisch und die Samenkerne wie durch einen Panzer geschützt heranreifen können.

Eine kleine Sortenauswahl

8

Bringen Sie von Ihrem nächsten Urlaub im Ausland Samen von Kürbissorten mit, die bei uns nicht erhältlich sind, und starten Sie im Frühjahr einen Pflanzversuch.

Vom Kürbis sind weltweit über 800 Sorten bekannt, wobei jährlich neue hinzukommen, denn kaum eine Pflanze lässt sich so vielfältig kreuzen, veredeln und züchten. Jedes Land hat eigene Züchtungen hervorgebracht, viele davon sehen so exotisch aus, dass man sie erst auf den zweiten Blick als Kürbis erkennen kann.

Wollte man alle 800 bekannten Kürbissorten beschreiben, würde das den Rahmen fast jedes Buches sprengen. Es ist daher selbstverständlich, dass eine Auswahl dieses artenreichen Gewächses niemals vollständig sein kann. Die hier beschriebenen Kürbisarten sind solche, mit denen ich bisher sehr gute Erfahrungen einerseits beim Anbau und andererseits in der Küche gemacht habe. Wer einmal mit dem »Virus der Kürbisliebhaberei« infiziert ist, dem möchte ich empfehlen, auch einmal neue, noch unbekannte Sorten auszuprobieren: Die Vielfalt in Farbe, Form und Geschmack ist so groß, dass es schade wäre, sich allein auf den Anbau von ein oder zwei bewährten Sorten zu beschränken!

9

Die Kürbisnamen variieren teilweise nicht nur von Land zu Land, sondern auch von Anbieter zu Anbieter. Am besten lassen Sie sich vom Fachmann beraten, damit Sie auch die von Ihnen gewünschte Kürbissorte erhalten.

Gelber Zentner

Diese Sorte ist im Herbst auf jedem Wochenmarkt anzutreffen. Die Kürbisse sind gelb bis orange, haben eine leicht raue Haut und sind nicht ganz rund. Wie der Name schon sagt, handelt es sich um einen der Riesenkürbisse, die meist bis zu 30 Kilogramm, in Einzelfällen bis zu 50 Kilogramm schwer werden und mit denen Sie im Wettstreit mit anderen Hobbygärtnern beste Erfolge erzielen können. Der Gelbc Zentner benötigt sehr viel Platz im Garten – seine Ranken werden bis zu fünf Meter lang – und sollte regelmäßig gedüngt werden. Der Gelbe Zentner gehört zu den robusten Kürbisvertretern, die den Gärtner und die Gärtnerin auch trotz einer Schlechtwetterperiode im Sommer mit fleißigem Wachstum belohnen. Vom Geschmack her ist er recht neutral, böse Zungen bezeichnen ihn teilweise sogar als wässrig. Für mich ist der Gelbe Zentner jedoch der Kürbis schlechthin! Denn er ist solide, anspruchslos und bringt einen hohen Fruchtfleischertrag. In der Küche können Sie fast alles aus ihm machen: Suppen, Gemüsegerichte, Gebäck. Sie können ihn in Scheiben schneiden, anbraten, panieren oder frittieren. Sie können mit einem Kugelausstecher hübsche Kugeln formen, diese garen und mit einer Käsesauce servieren. Am besten Sie probieren es einfach selbst aus!

10

Einen Gelben Zentner – meist der Inbegriff eines Kürbisses – sollten Sie unbedingt in die Planung Ihres Kürbisfeldes mit einbeziehen.

Roter Zentner

Auch dieser gehört zu den großen Kürbisarten, bei denen ein Gewicht von zehn Kilogramm vollkommen normal ist. Er hat eine wunderschöne rote Farbe, sein Fleisch ist aromatischer als bei seinem gelben Kollegen und dabei auch etwas wässrig. Auch der Rote Zentner benötigt viel Platz im Garten. Übrigens: Dieser Kürbis wird in Frankreich viel gegessen, er hat dort den wunderschönen Namen »Rouge Vif d'Etampes«. In der Küche ist er mindestens so vielseitig verwendbar wie der weniger farbenfrohe Gelbe Zentner.

11

Ein Türkenturban mit einer Reis-Hackfleisch-Gemüse-Füllung ist ein eindrucksvolles und begehrtes Gericht, wenn Gäste kommen. Probieren Sie es aus. Das Rezept finden Sie auf Seite 41.

Türkenturban

Woher dieser Kürbis seinen Namen hat, wird auf den ersten Blick klar: Er hat eine wulstige, mützenartige Form und sieht einem gewickelten Turban wirklich ähnlich. Meist ist er rotgrün gefärbt, mit weißen Sprenkeln oder Abzeichen. Er ist allein vom Aussehen her schon so attraktiv, dass Sie diese Sorte unbedingt in Ihr Kürbisfeld integrieren sollten. Oft wird der Türkenturban einzig als Zierkürbis verwendet, obwohl sein Fleisch sehr aromatisch, fest und nicht so wässrig ist. Deshalb eignet sich der Türkenturban auch sehr gut zum Füllen und Garen im Backofen. Wie der Gelbe Zentner ist auch dieser Kürbis stark rankend und benötigt daher viel Platz im Garten.

Jack O'Lantern

Schon sein Name verrät es: Dies ist der Halloweenkürbis schlechthin! Er ist sehr großwüchsig und fast ganz rund. Er hat eine feste, dunkelorangefarbene Schale und von Natur aus einen großen Hohlraum und eignet sich daher hervorragend zum Schnitzen. In Amerika gehen Kinder am Halloweenabend von Haus zu Haus und bitten um Süßigkeiten. Dabei tragen sie einen ausgehöhlten, geschnitzten und beleuchteten Jack O'Lantern vor sich her. Werfen Sie das herausgelöste Fleisch möglichst nicht weg: Es ist sehr schmackhaft und kann für Rezepte aller Art, vor allem jedoch für Suppen und als Kürbismus für

Saucen und Gebäck verwendet werden. Die Sorte ist sehr ertragreich und nicht so stark rankend wie der Gelbe und Rote Zentner.

Hokkaido

Geschmacklich halte ich den Hokkaido für einen der besten Kürbisse überhaupt! Sein Fruchtfleisch ist orange und fest und schmeckt leicht nussig. Wenn er sehr jung geerntet wird, kann er sogar mit der Schale verarbeitet werden. Sie bekommen den Hokkaido in Orange oder Grün. Er wird zwischen zwei und vier Kilogramm schwer und zählt somit zu den mittelgroßen Sorten. Obwohl er nicht als besonders lagerfähig gilt, habe ich gute Erfahrungen mit seiner Lagerung gemacht und festgestellt, dass sich sein Geschmack dadurch noch verbessert! Dank seines hohen Karotingehalts ist er auch sehr gut für die Zubereitung von Babybrei und Kleinkindernahrung geeignet.

12

Servieren Sie die Kürbisspaghetti mit einer Tomatensauce. Ihre Kinder werden begeistert sein von dieser Art, Gemüse zu essen!

Spaghettikürbis

Dieser Kürbis hat eine längliche Form, ist meist cremefarben bis gelblich und wird etwa 30 Zentimeter lang. Er braucht im Garten nicht ganz so viel Platz wie die Giganten. Ich habe sogar schon erlebt, wie der Spaghettikürbis sehr erfolgreich auf einem Balkon gezogen wurde! So unscheinbar diese Kürbissorte von außen erscheint, so aufregend bietet sich sein Innerstes dar – und zwar nach dem Kochen! Nachdem der Kürbis im Ganzen gegart wurde – dies geschieht entweder im Backofen oder in einem großen Topf –, können Sie mit einer Gabel sein faseriges Fruchtfleisch so »herausdrehen«, dass es tatsächlich wie Spaghetti aussieht. Und es kann dann auch dementsprechend mit einer Sauce serviert werden.

Butternut

Zu den Butternutsorten gehören viele Arten, die sich zwar in Form, Größe und Farbe ähneln, jedoch alle auch ihre eigenen Charakteristika haben. Die Butternuts sind birnenförmig, durchschnittlich

Kaum vorstellbar: Heute sind etwa 800 Kürbissorten bekannt, denn die Pflanze lässt sich hervorragend züchten, kreuzen oder veredeln.

18 Zentimeter lang und haben eine glatte Schale. Allen gemeinsam ist ihr leicht süßlicher, nussartiger Geschmack und ihr meist dunkelorangefarbenes Fruchtfleisch. Bis zur endgültigen Reife benötigt der Butternut etwas länger als die meisten anderen Sorten; er will es durchgehend warm haben und nimmt sommerliche Kälteperioden recht übel. In einem warmen Sommer belohnt er die Gärtnerin oder den Gärtner jedoch mit einer reichen Ernte. Was die Lagerung angeht, ist er ein wahrer Weltmeister: Gut ausgereift eingelagert hält er sich bis zu zwei Jahren, ohne an Geschmack zu verlieren! Das Fruchtfleisch des Butternut kann man entweder gewürfelt als Gemüse servieren oder auch zum Füllen und Überbacken verwenden.

Muscade de Provence

Hier handelt es sich um einen der größeren Vertreter der Kürbisfamilie: Ein Muskatkürbis kann bis zu 20 Kilogramm Gewicht erlangen, wobei sein Durchschnittsgewicht meist jedoch bei etwa zehn Kilogramm liegt. Er ist flachrund und hat einen durchschnittlichen Durchmesser von 35 Zentimeter. Während des Wachstums ist seine

13

Eine erfolgreiche Kürbiszucht beginnt schon beim Kauf des Samens: Kaufen Sie am besten qualitativ hochwertigen Samen nur im Fachhandel, und lassen Sie Billigangebote in den Supermärkten links liegen.

Schale wunderschön grün, bis er endgültig ausgereift ist, hat sie sich jedoch bräunlich orange verfärbt. Wie sein Name schon andeutet, besitzt sein Fruchtfleisch ein leicht süßliches Muskataroma, das sich hervorragend für Marmeladen, Süßspeisen aller Art, für Kuchen und auch für Suppen eignet. Dank seines Geschmacks und seiner wertvollen Inhaltsstoffe lässt sich dieser Kürbis auch für die Zubereitung von Kindernahrung und Babybrei verwenden. Auch der Muskatkürbis schätzt die Wärme – reservieren Sie für ihn möglichst den wärmsten und windgeschütztesten Platz in Ihrem Garten.

Sweet Dumpling

Diese Kürbiszwerge sind so dekorativ, dass sie oft lediglich als Zierkürbisse verwendet werden. Das ist schade, denn ihr Fruchtfleisch schmeckt besonders gut und erinnert den Gourmet an den nussigen Geschmack von Esskastanien. Wie alle Spezialitäten ist allerdings auch diese rar gesät: Die rundlichen, im Durchmesser etwa 20 Zentimeter großen Früchte sind nicht sehr ergiebig. Sie können mit einem Ertrag von etwa fünf bis sieben Kürbissen pro Pflanze rechnen. Dafür rankt der Sweet Dumpling lange nicht so sehr wie viele seiner Artgenossen und kommt mit nur zwei bis drei Quadratmetern Bodenfläche aus.

14

Ausgewachsene Zucchini sind als Gemüse zuweilen nicht mehr zart genug, doch sie können kulinarisch noch zu Ehren kommen, wenn man sie füllt und im Backofen mit Käse überbackt.

Pink Banana

Eine der großen Kürbissorten ist der Pink Banana (auch Pink Jumbo Banana genannt), der sehr viel Platz im Garten benötigt. Dieser bananenförmige Kürbis kann bis zu 80 Zentimeter lang werden und ein Gewicht von etwa zehn Kilogramm erreichen. Seine Schale ist allerdings nicht pinkfarben, sondern eher orangefarben mit höchstens einem leichten Roséton. In meinen Augen ist Pink Banana eine sehr interessante Alternative für diejenigen Gärtnerinnen und Gärtner, denen der Gelbe Zentner zu gewöhnlich erscheint: Beide sind lange lagerfähig (mindestens fünf bis sechs Monate), und ihr festes Fruchtfleisch eignet sich besonders gut für Suppen und Gemüsegerichte.

Zucchini

Wussten Sie, dass Zucchino die italienische Verkleinerung von »zucca – der Kürbis« ist? Zucchini sind fast überall bekannt und beliebt. Sie gehören zu den Sommerkürbissen und können als eine der ersten Sorten geerntet werden. Gerade einmal fünf bis sieben Wochen, nachdem Sie die Jungpflanze ausgesetzt haben, sind die ersten Früchte erntebereit! Je jünger man sie erntet, desto zarter schmeckt ihr Fruchtfleisch. Die großen Exemplare von 30 Zentimeter und mehr halte ich für ungenießbar. Verwenden Sie am besten die jungen Früchte roh in Salaten, mit einem Dip serviert, oder gekocht in so aromatischen Sommergerichten wie einer französischen Ratatouille.

15

Pflanzen Sie auch Zierkürbisse in Ihr Gartenbeet, denn Zierkürbisse lassen sich äußerst vielseitig verwenden und können im Herbst bei Einladungen eine originelle Alternative zu Blumen sein.

Zierkürbisse

Wer Kürbisse hauptsächlich zum Dekorieren verwenden möchte, sollte eine Ecke seines Gartens für die Zierkürbisse reservieren. Aber aufgepasst: Diese sollten nicht zu nahe an die Kochkürbisse gepflanzt werden, da sonst Kreuzungen entstehen können! Zierkürbisse gibt es praktisch in jeder Form, von birnenförmig bis kreisrund, und in jeder Farbe und Farbzusammenstellung. Sie sind meist relativ klein und sehen am schönsten aus, wenn eine Menge davon gemeinsam in einem Korb oder einer Schale dekoriert werden. Da Zierkürbisse besonders lange halten und Ihr Haus schmücken sollen, ist es besonders wichtig, sie ausreifen zu lassen. Es empfiehlt sich, sie nach der Ernte noch für ein, zwei Wochen bei schönem Wetter an die Sonne zum Nachreifen zu stellen.

Anbau und Pflege

Der Anbau von Kürbissen ist eigentlich ganz einfach; wenn ich dennoch in aller Ausführlichkeit darauf eingehe, dann deshalb, um Ihnen gleich im ersten Jahr einen Kürbiserfolg zu ermöglichen. Folgendes sollte beim Kürbisanbau unbedingt beachtet werden:

Die richtige Aussaat

▶ Kürbisse mögen es warm. Kürbispflanzen sind frostempfindlich. Sie werden erst nach den Eisheiligen, also ab Mitte Mai, ins Freie gepflanzt!

▶ Die Samen im Warmen vorkeimen. Der Kürbisanbau beginnt schon drei bis vier Wochen vor dem Einpflanzen: Mitte April sollten Sie sich einige mit Erde gefüllte Blumentöpfchen besorgen, pro Topf einen bis zwei Kürbissamen hineinstecken (etwa zwei Zentimeter tief) und an einem warmen Platz (etwa 20 °C) vorkeimen lassen, wobei Sie alle paar Tage sehr sparsam Wasser angießen. Wenn sich mit den Eisheiligen die letzten Nachtfröste verabschiedet haben, kann man die Jungpflanzen hinaus ins Freie setzen.

16

Rankende Kürbissorten können manchmal sogar bis in Baumwipfel hinaufwachsen. In diesem Fall sollten sie durch Rankhilfen gestützt werden.

Der Kürbis – ein Starkzehrer

Was den Kürbis gegenüber vielen anspruchsvollen Gewächsen auszeichnet, ist seine Genügsamkeit in puncto Bodenbeschaffenheit. Ob Sie »die größten Beeren der Welt« auf Ihrem Balkon, in einer ungenutzten Gartenecke oder gar auf den Komposthaufen pflanzen wollen – der Kürbis kann damit leben. Zu letzterem Standort sei allerdings eines gesagt: Der Kürbis ist ein Starkzehrer, das bedeutet, er entzieht dem Boden viele Nährstoffe. Wie sonst könnte eine Pflanze in gerade einmal hundert Tagen so groß und kräftig werden? Pflanzen Sie also eine Kürbispflanze auf einen jahrelang sorgsam gehegten Komposthaufen, dann wird zwar der Kürbis prächtig darauf gedeihen, den Kompost können Sie danach jedoch nicht mehr zur Düngung verwenden, weil er vom Starkzehrer Kürbis ausgelaugt ist.

17

Sie können auch versuchen, Kürbisse in einem großen Pflanzgefäß auf dem Balkon zu ziehen. Besonders wichtig ist dann die stete Düngung.

Der ideale Standort

Der ideale Boden für ein Kürbisbeet sollte
1 **warm**
2 **locker**
3 **nährstoffreich** sein!

1 Ein warmer Platz. Wenn möglich, pflanzen Sie Ihren Kürbis an einen sonnengewärmten, windgeschützten Ort, von wo aus er sich jedoch in Richtung Schatten ausbreiten kann. Seine Triebe, die je nach Sorte bis zu zehn Meter lang werden, schlängeln sich gern am Boden entlang zu anderen größeren Pflanzen wie Bohnenstauden, Beerensträuchern oder auch Bäumen. In deren Schatten beginnen die goldgelben Kürbisblüten zu leuchten, und kurze Zeit später entwickeln sich aus deren Fruchtknoten die Beerenfrüchte. Es überrascht selbst langjährige Kürbisgärtner immer wieder, welche Plätze sich der Kürbis aussucht!

2/3 Lockerer und nährstoffreicher Boden. Für einen lockeren und zugleich nährstoffhaltigen Boden sollten Sie beim Kürbisanbau schon ein Jahr im Voraus sorgen. Da der Kürbis wie gesagt ein Starkzehrer ist, sollten Sie Kürbisse auf demselben Platz im zweijährigen Fruchtwechsel mit anderen Pflanzen anbauen. Einen idealen, lockeren Boden erhalten Sie, wenn Sie Kartoffeln pflanzen, den Kartoffelacker nach der Ernte umgraben, gut verrotteten Pferdemist oder Kompost untermengen und das Beet über den Winter liegen lassen. Im kommenden Frühjahr kann man dieses Beet dann für den Kürbisanbau nutzen. Auch nachdem Sie den Kürbis eingesetzt haben, sollten Sie für einen nährstoffreichen und lockeren Boden sorgen, indem Sie mit Kräuterjauchen düngen und das Beet durch vorsichtiges Hacken unkrautfrei und locker halten. Es empfiehlt sich ebenfalls, nach jedem Regenguss das Kürbisbeet kurz durchzuhacken, damit mit der Feuchtigkeit auch genügend Luft in den Boden hineinkommt.

Unkraut jäten, hacken, gießen, düngen – auf den ersten Blick mag der Kürbisanbau nach viel Arbeit aussehen. Doch keine Sorge, die Mühe hält sich einerseits in Grenzen und lohnt sich andererseits unbedingt! Stellen Sie einmal eine Gartenbank neben Ihr Kürbisfeld, und genießen Sie die ganz besondere Atmosphäre, die sich von Tag zu Tag wandelt. Manchmal reichen zehn Minuten oder eine halbe Stunde, um neue Kräfte zu sammeln: Im Kürbisfeld gibt es dabei stets neue Entwicklungen zu sehen, und es verschafft fast ein Gefühl der Glückseligkeit, die Kraft der Natur selbst miterleben zu dürfen. So schaffen Sie sich – trotz aller Gartenarbeit eine Oase der Ruhe!

18

Da Kürbisse sehr frostempfindlich sind, gilt als eiserne Regel: Kürbispflanzen oder -samen erst nach den Eisheiligen (also nach dem 15. Mai) ins Gartenbeet setzen!

Wie viel Platz braucht ein Kürbis?

19

Übrigens: Kürbispflanzen sind einjährig. Das bedeutet, dass die Pflanze nach der Ernte abstirbt. Sie müssen also im darauf folgenden Jahr neue Kürbissämlinge einsetzen.

Generell machen »Kürbis-Greenhorns« immer wieder den Fehler, zu viele Jungpflanzen zu dicht nebeneinander ins Beet zu setzen. Das Ergebnis: Keine der Pflanzen wächst richtig an, alle bleiben kleinwüchsig. Insgesamt benötigen buschige Sorten weniger Platz als rankende. Für die ersteren sollten Sie einen seitlichen Abstand von 0,8 bis 1,0 Meter einhalten, für die zweiten mindestens ein bis zwei Meter! Von Reihe zu Reihe sollte bei allen Arten mindestens ein Meter Abstand bestehen.

Trotz bester Vorkultur kann es vorkommen, dass ein Pflänzchen den Schnecken zum Opfer fällt oder einfach nicht gedeiht. Es empfiehlt sich daher, pro Pflanzstelle zwei Pflänzchen einzusetzen. Sollte sich nach etwa drei Wochen dann herausstellen, dass beide gut angewachsen sind, zwicken Sie bei buschigen Sorten eine Pflanze direkt über der Erde ab. Achtung! Nicht wie Unkraut herausziehen, damit Sie nicht die Wurzeln der anderen Pflanze verletzen! Bei rankenden Sorten können Sie beide Pflanzen stehen lassen. Bald bilden sich Blüten; diese werden in den folgenden Wochen von Bienen und Hummeln befruchtet, und die ersten Kürbisse beginnen zu wachsen.

Schnecken mit ihren farbenprächtigen Häuschen sind zwar sehr schön, stellen aber für die Kürbisblüte eine große Gefahr dar.

Was gefährdet das Wachstum?

Trotz aller Genügsamkeit kann auch der Kürbis durch äußere Einflüsse in seinem erfolgreichen Wachstum gestört werden. Folgende Faktoren spielen hauptsächlich eine Rolle:

1 **Extreme Temperaturschwankungen.** Wenn Anfang Juni die so genannte Schafskälte stattfindet und nach warmen Maitagen das Thermometer extrem nach unten fällt, kann dies dazu führen, dass der Kürbis seine Blüten abwirft, die Früchte klein bleiben oder erst gar keine Befruchtung stattfindet. Auch starke Regenfälle schaden dem Kürbis, denn sie führen dazu, dass sich der Boden sehr abkühlt. Manche Hobbygärtner schützen ihre Kürbispflanzen, indem sie sie mit Vliesfolie abdecken.

2 **Extreme Feuchtigkeit.** Regen kühlt nicht nur den Boden aus, sondern lässt heranwachsende Kürbisse oftmals faulen. Dies können Sie verhindern, indem Sie unter jeden Kürbis ein kleines Holzbrettchen legen, das ihn vor zu viel Nässe schützt.

3 **Extreme Trockenheit.** In besonders heißen Sommern müssen Kürbisse täglich gewässert werden, und der Boden um die Pflanzen herum sollte sehr vorsichtig mit der Hacke gelockert werden.

4 **Schädlinge und Pilzbefall.** Wie für andere Pflanzen stellen Schnecken auch beim Kürbis die größte Gefahr dar. Wir schützen unsere Kürbisse dadurch, dass wir rund um den Kürbisacker Tagetes-Pflanzen setzen, denn die gelben Blümchen sind bei Schnecken als Futter äußerst beliebt; andere Gärtner empfehlen, Basilikumpflanzen zwischen die Kürbisse zu setzen. Gegen Pilzbefall hilft es, die Pflanzen von Zeit zu Zeit mit einem Schachtelhalmextrakt zu spritzen. Vorsicht! Auch durch die Art der Düngung kann es zu Schädlingsbefall kommen: Frischer Pferdemist zieht nämlich Wurzelfliegen an. Daher die wachsenden Kürbispflanzen möglichst mit Kräuterjauchen, beispielsweise einem Brennnesselsud, düngen, der mit Pferdemist vermischt wurde.

5 **Die Bewässerung.** Zu starke Trockenheit mindert den Wuchs des Kürbisses. In regenarmen Zeiten empfiehlt sich daher das tägliche Gießen. Dies können Sie sich erleichtern, wenn Sie mit einem Trick

20

Beim Gießen sollten Sie darauf achten, den Wasserstrahl stets unter die Blätter zu richten. Und wenn Sie danach den Boden lockern, sollten Sie nicht zu tief hacken, um die Wurzeln der Kürbispflanzen nicht zu verletzen.

21

Wer verschiedene Sorten anpflanzt, kann wöchentlich reife Kürbisse ernten, was natürlich wesentlich praktischer ist als eine Riesenernte am Ende des Sommers.

22

Wenn Sie im September einen Riesenkürbis ernten wollen, empfiehlt es sich, ihn fast täglich mit einem Universaldünger, der alle nötigen Nährstoffe und Spurenelemente enthält, zu düngen.

arbeiten: Markieren Sie die Pflanzstellen der Kürbisse mit Holz- oder Eisenstäben. So sehen Sie mit einem Blick, wo Sie Wasser angießen müssen – was bei Ranken von bis zu zehn Metern nicht immer ganz leicht ist. Sie können aus dieser »Not« eine Tugend machen und auf die Holzstäbe Rosenkugeln setzen; dadurch verwandeln Sie Ihr Kürbisfeld in eine romantisch anmutende Oase des Gartens.

Ein Riesenkürbis oder viele kleine?

Wer eine Sorte der großen Kürbisse anbaut, sollte sich über diese Frage bald klarwerden: Möchten Sie einen Riesenkürbis heranziehen, dann müssen Sie nämlich sämtliche Seitentriebe der Pflanze abzwicken, damit sich ein einziger Kürbis prächtig entwickeln kann. Es macht sehr viel Spaß, einen Riesenkürbis heranzuziehen, besonders im Wettstreit mit anderen Hobbygärtnern. So ein Gigant kann bis zu 100 Kilogramm Gewicht auf die Waage bringen – es sind dann allerdings mehrere Helfer notwendig, um ihn darauf zu hiefen! Andererseits sind kleinere, handliche Kürbisse in der Küche viel einfacher zu verwenden und meist auch schmackhafter als ein Riesenexemplar. Mein Ratschlag lautet: Versuchen Sie nur mit einer Pflanze Ihr Glück in puncto Kürbisgigant, und ziehen Sie die anderen Pflanzen als normale Gemüsekürbisse heran, die Sie je nach Reifegrad ernten. Sie erhalten besonders viele kleine Früchte, wenn Sie den Haupttrieb nach dem sechsten oder siebten Blatt abzwicken. Und je früher man die kleinen Kürbisse aberntet, desto mehr neue Früchte entwickeln sich dazu! Dies wird eine »laufende Ernte« genannt, wie sie auch bei Zucchini üblich ist.

Die richtige Pflege

- Für einen einzigen Riesenkürbis zwicken Sie möglichst sämtliche Seitentriebe ab. Gießen und düngen Sie den Haupttrieb regelmäßig.
- Für viele kleine Kürbisse zwicken Sie den Haupttrieb nach dem sechsten oder siebten Blatt ab; dann entwickeln sich Seitentriebe mit kleinen Früchten.

Ernte und Lagerung

Wann geerntet wird, hängt nicht nur von der jeweiligen Witterung ab, sondern auch davon, ob es sich bei der angepflanzten Sorte um Winter- oder Sommerkürbisse handelt. Und wenn Sie die zum richtigen Zeitpunkt geernteten Kürbisse sorgfältig lagern oder auch das Kürbisfleisch einfrieren, können Sie das ganze Jahr über Kürbisgerichte genießen.

23

Ernten Sie am besten in den späten Vormittagsstunden, wenn der Morgentau schon abgetrocknet ist, die Mittagssonne jedoch noch nicht ganz am Himmel steht.

Winter- und Sommerkürbisse

Zu den Sommerkürbissen gehören vor allem die kleineren Sorten, deren Schale weich und deren Fleisch meist hell ist. Die bekanntesten Vertreter der Sommerkürbisse sind die Zucchini, es gehören aber auch die Pâtissons und die Gemüsekürbisse dazu. Sommerkürbisse werden im Grunde genommen unreif geerntet, denn reif wären sie strohig und ungenießbar. Sie sind zum sofortigen Verzehr oder zur Verarbeitung gedacht und können nicht gelagert werden. Sommerkürbisse schmecken auch roh sehr gut und eignen sich daher auch bestens für Salate.

Zu den Winterkürbissen gehören vor allem die großen Sorten, deren Schale hart ist und deren Fleisch dunkelgelb bis tief orangefarben sein kann. Ihr Fruchtfleisch sollte man vor dem Verzehr kochen, denn in rohem Zustand ist es faserig und nicht so knackig wie bei den Sommerkürbissen.

24

Sonnenreiche Jahre bringen Vitamine, denn je mehr Sonne ein Winterkürbis abbekommt, desto vitaminhaltiger ist sein Fruchtfleisch.

Der richtige Erntezeitpunkt

Ob Sommer- oder Winterkürbisse – an der Frage, wann Kürbisse geerntet werden sollen, scheiden sich die Geister der Hobbygärtner seit eh und je. Ich will daher gar nicht versuchen, allgemein gültige Regeln aufzustellen, sondern im Folgenden nur von meinen eigenen Erfahrungen berichten:

- In Jahren, in denen die äußeren Voraussetzungen (wenig Temperaturschwankungen, genügend Niederschläge, aber nicht zu viele, kein übermäßiger Schädlingsbefall) stimmen, können die ersten Sommerkürbisse schon nach vier bis sechs Wochen geerntet werden. Dann ist ihre Haut noch weich und samtig und kann in vielen Fällen – wie bei den Zucchini – in der Küche mitverwendet werden. Ihr Geschmack ist im unreifen Stadium meist milder als bei »alten« Kürbissen.

▶ Je öfter man die jungen Kürbisse aberntet, desto mehr neue wachsen nach.

▶ Winterkürbisse werden erst kurz vor dem ersten Frost geerntet. Sie sollten sich beim Daraufklopfen hohl anhören, ihr Stiel muss hölzern und trocken aussehen.

▶ In Jahren, in denen die Sonnentage etwas mager gesät waren, sollte man Winterkürbisse nach der Ernte noch nachreifen lassen, bevor man sie zur Lagerung in den Keller bringt. Wir füllen zu diesem Zweck einen Schubkarren mit sauberem Heu oder Stroh und legen die Winterkürbisse hinein. Zwei Wochen lang fahren wir sie bei schönem Wetter täglich aus dem Gartenhaus hinaus zum Nachreifen ins Freie. Wer einen geschützten Mauervorsprung am Haus hat, kann die Kürbisse auch dort deponieren. Wichtig ist, dass sie frost- und regengeschützt sind und gleichzeitig Sonne abbekommen.

▶ Der Winterkürbis ist dann zur Lagerung bereit, wenn seine Schale richtig hart und trocken ist und mit dem Fingernagel nicht mehr verletzt werden kann.

25

Sammeln Sie das ganze Jahr über Netze von Zwiebeln und Orangen. Sie können pro Netz einen Kürbis hineingeben und an Haken im Gartenhaus oder Keller so aufhängen, dass der Kürbis von allen Seiten Luft bekommt.

Die optimale Lagerung

Zur Lagerung eignen sich nur Kürbisse, die eine einwandfreie, absolut unbeschädigte Schale und einen unbeschädigten Stiel aufweisen! Früchte, deren Schale Risse oder Druckstellen aufweist, deren Stiel abgebrochen ist oder ganz fehlt, sind nicht mehr gegen Fäulnisbakterien geschützt. Sortieren Sie die Kürbisse also sehr sorgfältig aus, bevor Sie entscheiden, welche Früchte in den Keller kommen. An ihren Lagerplatz stellen Kürbisse keine großen Ansprüche, er sollte lediglich trocken und kühl sein (maximal 10 bis 12 °C). Ob Sie im selben Keller auch Kartoffeln oder Äpfel lagern, macht dem Kürbis nichts aus; im Gegensatz zu Äpfeln hat er gegen Gesellschaft nichts einzuwenden. Richtig untergebracht halten die Kürbisse bis zur nächsten Ernte. Sie sollten jedoch jede Woche ihren einwandfreien Zustand kontrollieren und schimmelnde Exemplare gegebenenfalls aussortieren. Bei manchen Sorten kann es vorkommen, dass diese monatelang wunderbar halten, um dann von einem Tag auf den anderen in sich zusammenzufallen!

26

Wenn Sie Kürbismus zum Einfrieren herstellen, so würzen Sie es möglichst nicht bei der Zubereitung, sondern erst nach dem Auftauen entsprechend dem Verwendungszweck.

Kürbisse einfrieren

Auch beschädigte Kürbisse können gelagert werden, nämlich in der Tiefkühltruhe. Da heutzutage in jedem Haus eine Gefriertruhe oder ein Tiefkühlschrank zu finden ist, stellt auch die Lagerung von nicht einwandfreien Kürbissen kein Problem mehr dar: Ihr Fruchtfleisch wird einfach eingefroren.

Nach meiner Erfahrung ist es jedoch sehr viel besser, gekochtes Kürbismus statt des rohen Kürbisfleischs einzufrieren. Dieses Mus ist eine ideale Grundlage für Saucen und Suppen sowie für Obstkuchen und -torten, und es eignet sich nicht zuletzt sogar als Fettersatz in Kuchenteigen. Ein einfaches und bewährtes Rezept für Kürbismus möchte ich Ihnen hier geben; im Rezeptteil finden Sie dann außerdem Tipps, wie Sie Kürbisfleisch durch Einlegen oder Einkochen haltbar machen können.

Zubereitung: Kürbismus zum Einfrieren

1 Einen Kürbis oder ein Stück davon schälen und entkernen.
2 Das Fleisch in Würfel schneiden und diese in etwas Wasser oder einem Wasser-Weißwein-Gemisch kochen, bis sie gar sind.
3 Die Würfel gut abtropfen lassen und die Hälfte davon mit dem Pürierstab zu feinem Mus pürieren, die andere Hälfte mit einer Gabel zu groben Stücken zerdrücken oder die Würfel ganz lassen.
4 Beide Sorten anschließend separat einfrieren.
5 Nach dem Auftauen das Mus nochmals abtropfen lassen – je nach Sorte ist es einmal mehr oder weniger wasserhaltig. Dann das feine oder grobe Mus je nach Rezept verwenden.

Eine kulinarische Köstlichkeit aus Großmutters Zeiten: Kürbis süßsauer.

Kürbis kulinarisch

Angesichts der Mengen an Fruchtfleisch, die uns ein einziger Kürbis einer größeren Sorte beschert, können Kürbisneulinge es manchmal leicht mit der Angst zu tun bekommen. »Was um alles in der Welt mache ich mit hundert Kilogramm Kürbisfleisch?«, fragte mich beispielsweise letzten Sommer entgeistert eine Nachbarin, auf deren Haustreppe es sich gleich drei Gelbe Zentner bequem gemacht hatten – ein Geschenk ihres Bruders, seines Zeichens ein begeisterter Hobbygärtner. Meine Antwort lautete: »Sie können mit einem Kürbis alles das tun, was Sie auch mit Kartoffeln in der Küche machen!« Das heißt: Sie können Kürbisse ganz oder zerkleinert backen, kochen, grillen, frittieren und anbraten. Im Gegensatz zur Kartoffel können Sie Kürbisfleisch außerdem eindünsten oder sauer einlegen oder auch für Gebäck verwenden.

27

Die ganze Kürbisfrucht kann in der Küche verwendet werden. Allerdings werden Sie unter meinen Rezepten keines für ausgebackene Kürbisblüten finden: Ich bringe es einfach nicht übers Herz, die Blüten abzupflücken. Das muss Sie jedoch nicht daran hindern, in Teig getauchte Blüten zu frittieren und zu genießen.

Der Kürbis – ein Superstar in der Küche

Es gibt praktisch kein Gericht, das Sie mit einem Kürbis nicht zubereiten können: Suppen, Aufläufe, vegetarische Hauptgerichte, feine Desserts oder leckere Marmeladen, Beilagen zu Fleisch und Fisch, extravagante Kürbisspezialitäten oder auch köstliche Getränke – der Kürbis ist ein wahrer Tausendsassa! Selbst für die Ernährung von Kindern, ja sogar für Babynahrung ist das Kürbisfleisch bestens geeignet. Denken Sie hier vor allem an die Sorten mit dunkelorangefarbenem Fruchtfleisch.

Deren Karotingehalt ist nachgewiesenermaßen um ein Zehnfaches höher als derjenige der Karotte – und diese wird gemeinhin als das Wundergemüse für Babys und Kleinkinder schlechthin angesehen.

Aber nicht nur das Kürbisfleisch ist zu verwenden, auch die Blüten, die Kerne und nicht zuletzt das daraus gewonnene Kernöl finden in der Küche ihren vielfältigen Einsatz.

Welche Kürbisteile für welche Gerichte?

Kürbisfleisch	• zum Kochen und Backen • für Chutneys, Saucen und Dips • für Marmelade • zum Einlegen bzw. Einkochen • für Rohkostsalate • in der Naturheilkunde
Kürbiskerne	• als Knabberei • zum Bestreuen von Salaten und Suppen • zum Backen von deftigem Gebäck • in der Naturheilkunde
Kürbiskernöl	• zum Anmachen von Salatsaucen • zum Aromatisieren von gekochten Speisen • in der Naturheilkunde
Kürbisblüten	• zum Ausbacken in Teig • zum Bestreuen bzw. Dekorieren von Salaten

Im nachfolgenden Rezeptteil finden Sie zahlreiche Gerichte, die Sie mit ein wenig Phantasie abändern und denen Sie weitere eigene Kreationen hinzufügen können. Die Kürbisküche ist unerschöpflich, und ich bedauere es immer wieder sehr, dass in vielen Haushalten der Kürbis immer noch lediglich als Suppe oder süßsauer eingemachtes Gemüse auf den Tisch kommt. Damit ist spätestens jetzt Schluss! Wie wäre es, wenn Sie Ihre Familie mit einem gefüllten Türkenturban überraschen? Oder mit knusprigen Kürbispuffern oder Kürbiswaffeln? Oder mit einer Kürbistorte mit Ingwer und Zimt? Und warum nicht einmal Kürbischips knabbern? Vielleicht bekommen Sie auch Lust, mit neuen Variationen zu experimentieren. Was halten Sie von Ravioli, gefüllt mit einer Kürbis-Spinat-Mischung? Oder von einem indischen Curry mit Hühnerfleisch und Kürbisspalten? Oder haben Sie schon einmal einen exotischen Kürbiskuchen mit Datteln und Kokosstreuseln probiert?

28

Eine »Kürbiskur« im Herbst stärkt das Immunsystem für den kommenden Winter. Sie können sich aber auch eine Mischung aus Kürbiskernen, Sonnenblumenkernen und Weizenkeimen machen und davon täglich einen Esslöffel übers Müsli streuen oder als Snack zwischendurch kauen. So bekommen Sie stets eine Vielzahl an Vitaminen, Mineralien, Spurenelementen und essenziellen Fettsäuren.

Die besten Kürbissorten für die Küche

29

Wenn Sie wissen wollen, ob eine Kürbissorte sich besonders für die Ernährung Ihres Kleinkindes eignet, so gilt folgende Faustregel: Je orangefarbener das Fruchtfleisch eines Kürbisses ist, desto höher ist sein Karotingehalt.

Die allermeisten Gerichte können Sie mit den gewöhnlichen, preiswerten und leicht zu kultivierenden Kürbissorten wie Gelber oder Roter Zentner zubereiten. Sollte doch einmal eine Spezialsorte für den besonderen Geschmack eines Gerichtes von Vorteil sein, dann finden Sie einen entsprechenden Hinweis beim jeweiligen Rezept. Möchten Sie eigene Rezepte kreieren und sind sich nicht ganz sicher, welche Sorte Kürbis sich für Ihre Idee eignen könnte, dann lesen Sie am besten noch einmal im Kapitel »Eine kleine Sortenauswahl« auf Seite 9ff. unter den jeweiligen Sorten ihre kulinarischen Verwendungsmöglichkeiten nach.

Dank ihres hohen Karotingehalts und auch ihrer ansprechenden und appetitlichen Farbe sind vor allem der Hokkaido, der Muscade de Provence und der Orange Knirps für die Zubereitung von Babybrei und Kleinkindnahrung geeignet. Das entkernte Fruchtfleisch können Sie in wenig Wasser garen, abtropfen lassen, fein pürieren und je nach Belieben mit Honig, etwas Apfelmus oder einer zerdrückten Banane vermischen. Ebenso gut können Sie Kartoffelbrei mit Kürbismus mischen und Ihrem Kleinkind füttern.

Experimentieren Sie einmal mit Gewürzen. Sie werden erstaunt sein, welch unterschiedliche Geschmacksnoten ein und dieselbe Frucht bekommen kann.

Wozu eignen sich Kürbiskerne?

▶ Kürbiskerne können pur oder leicht angeröstet über Salate und deftige Speisen aller Art gestreut werden.

▶ Durch Anrösten bekommen Kürbiskerne ein besonders nussiges Aroma. Geben Sie dazu etwas Butter, Salz und – falls gewünscht – frische Kräuter in die Pfanne, und rösten Sie die Kerne kurz darin an.

▶ Kürbiskerne können auch gemahlen und wie gemahlene Haselnüsse für Gebäck verwendet werden. Das Gebäck wird dadurch etwas würziger und kräftiger im Geschmack und passt dadurch besonders gut zu Bier und Wein.

▶ Kürbiskerne sollten Sie immer im Ganzen aufbewahren und erst kurz vor dem Backen zerkleinern. Geriebene Kürbiskerne werden leicht ranzig.

▶ Kürbiskerne sind der ideale Snack für zwischendurch. Die darin enthaltenen ungesättigten Fettsäuren sind eine wichtige Ergänzung zu jeder noch so vollwertigen Ernährung.

▶ Bewahren Sie Kürbiskerne kühl und trocken auf. Ihre Haltbarkeit beläuft sich auf ein Jahr, danach können sie einen ranzigen Geschmack bekommen und ungenießbar werden.

30

Eine Kürbiskernkur wird heutzutage von vielen Urologen empfohlen. Übrigens: Aus einem Kürbis lassen sich etwa 150 Gramm Kürbiskerne gewinnen, und für einen Liter Kürbiskernöl benötigt man etwa 2,5 Kilogramm getrocknete Kürbiskerne.

Wie wird Kürbiskernöl verwendet?

▶ Das Kürbiskernöl hat einen außergewöhnlich nussigen, sehr intensiven Eigengeschmack. Verwenden Sie es daher nur sehr sparsam, möglichst nur tropfenweise.

▶ Zum Anbraten und Erhitztwerden ist das Öl insgesamt weniger geeignet, da es dabei einen Großteil seines Aromas verliert. Verwenden Sie es vor allem für Salatsaucen, Dips und zum Marinieren von Gemüse, Fisch oder Fleisch.

▶ Wird das Öl für eine Salatsauce verwendet, sollte es mit einem milden Weiß- oder Rotweinessig gemischt werden. Ein Balsamicoessig wäre meiner Ansicht nach geschmacklich zu intensiv, denn statt sich im Aroma zu ergänzen, würden sich Essig und Öl eher gegenseitig überdecken.

31

Kürbiskernöl kann nicht nur innerlich, sondern auch äußerlich angewandt werden. Es eignet sich ganz hervorragend für die Pflege trockener Haut.

▶ Für eine feine Note können Sie das Öl tropfenweise auch über einen fertig angerichteten Salat geben und außerdem einige geröstete Kürbiskerne darüber streuen.

▶ Bewahren Sie das Öl in einer dunklen Flasche und möglichst geschützt vor direkter Sonneneinstrahlung auf.

Kochvorbereitungen

Kürbis ist meiner Ansicht nach ein Gemüse, das im Gegensatz zu anderen Gemüsesorten sehr wenig Mühe bei der Zubereitung macht. Die ganze mühsame und oft langwierige Kleinarbeit, die beim Verarbeiten von Gemüsesorten wie Erbsen, Bohnen, Möhren oder auch von Früchten und Beeren anfällt, bleibt uns beim Kürbis erspart. Es sind genau drei Dinge, die man vor dem Zubereiten tun muss:

32

Nach der Ernte der Kürbisse empfiehlt es sich, die groben Erdverkrustungen, wenn möglich, bereits im Garten abzubürsten oder abzuwaschen.

Waschen, schälen, entkernen

1. Waschen. Während ein Kürbis beim Gemüsehändler schon sauber im Regal liegt, ist eine Frucht, die Sie aus Ihrem Garten holen oder von einem Hobbygärtner geschenkt bekommen, meist noch erdverkrustet. Halten Sie den Kürbis einfach unter fließendes Wasser, und waschen oder bürsten Sie ihn rundherum ab.

2. Schälen. Während die meisten Sommerkürbisse von Natur aus eine weiche Haut haben und wie Zucchini samt ihrer Haut verwendet werden können, müssen Winterkürbisse unbedingt geschält werden. Eine Ausnahme ist es natürlich, wenn sie ausgehöhlt und gefüllt im Ofen gebacken werden. Es bietet sich an, einen großen Kürbis zuerst mit einem größeren Messer zu halbieren, zu entkernen, dann in kleinere Stücke (Viertel oder Sechstel) zu teilen und ihn zum Schluss mit einem kleinen Küchenmesser zu schälen.

3. Entkernen. Im Inneren des Kürbisses liegen seine Kerne, die in faseriges Gewebe eingebettet sind. Beides sollten Sie vor dem Verarbeiten entfernen: Die Fasern schmecken bei einigen Sorten ziemlich bitter, und auch die Kerne der meisten Sorten sind roh nicht gerade eine kulinarische Köstlichkeit.

Welche Gewürze passen zum Kürbis?

Süße Gerichte (z. B. Gebäck, Desserts, süße Aufläufe, Kompott)	• Zucker • Zimt • Ingwer • Nelken • Honig • Zitronensaft • Muskatnuss
Deftige Gerichte (z. B. Suppen, Hauptgerichte, herzhaftes Gebäck)	• Salz • Pfeffer • Paprika • Curry und andere asiatische Gewürze wie Ingwer, Zitronengras, Kurkuma • Knoblauch • Zwiebeln • Kümmel • Muskatnuss • Balsamessig • frische Kräuter wie Dill, Petersilie, Kerbel, Schnittlauch • Sojasauce, Worcestersauce

33

Wenn Sie angeschnittene Kürbisteile in Klarsichtfolie verpacken, können Sie diese einige Tage lang im Kühlschrank aufbewahren.

Im Rezeptteil werden Sie feststellen, dass zwar für jedes Rezept die geeigneten Gewürze empfohlen werden, jedoch ohne Mengenangaben. Das hat seinen guten Grund: Denn das Kürbisfleisch ist zum einen für sich schon so aromatisch, dass Gewürze nur als Verfeinerung, nicht aber als Hauptnote für die Gerichte verwendet werden sollten. Zum anderen ist das Würzen selbst eine äußerst persönliche Angelegenheit, die jeder nach eigenem Gusto handhaben sollte. Messerspitzengenaue Kochbuchangaben beschränken die individuellen Entfaltungsmöglichkeiten unnötig. Als Faustregel möchte ich generell den sparsamen Umgang mit Gewürzen empfehlen, denn nachwürzen kann man immer noch – ein überwürztes Gericht hingegen ist in den meisten Fällen nicht mehr zu retten.

34

Da Kürbisfleisch auf der ganzen Welt gegessen wird, kann es ebenso gut asiatisch wie mexikanisch oder italienisch gewürzt werden.

Kaum eine Frucht lässt sich so vielfältig variieren wie der Kürbis.

Kürbisrezepte

Lassen Sie sich von den folgenden Rezepten überraschen. Ich bin überzeugt, dass Sie sich wundern werden, weshalb Sie nicht schon längst darauf gekommen sind, den Kürbis zu Ihrem Lieblingsgemüse zu erheben. Sollte Ihre Familie zunächst skeptisch den neuen Menüs gegenüberstehen, so machen Sie sich keine unnötigen Sorgen, denn sobald die Familienmitglieder einmal eine Kürbissuppe, einen Kürbissalat oder ein Kürbisdessert probiert haben, werden sie sicherlich nach weiteren Kürbisgerichten verlangen.

Portionsangaben

35

Bei Kürbisgerichten ist das genaue Einhalten der Grammangaben für die Zutatenmengen nicht nötig, da eigene Variationen in der Regel ebenso gut gelingen.

Ganz bewusst habe ich auf die gemeinhin üblichen Portionsangaben verzichtet, weil ich aus Erfahrung weiß, dass diese von Familie zu Familie variieren: Kräftige Esser werden mit einem Kürbisgratin, das ursprünglich für vier Personen gedacht war, auch leicht zu zweit fertig. Wird zum Kürbisgericht außerdem noch ein Salat, frisches Bauernbrot und womöglich eine Vor- und Nachspeise serviert, kann ein für vier Personen gedachtes Gericht auch gut für sechs Personen reichen. Zudem macht es einen großen Unterschied, ob Sie eine Suppe als Hauptgericht oder lediglich als Vorspeise servieren – Portionsangaben sind daher meiner Ansicht nach meist eher irreführend.

Als Faustregel rechne ich pro Person zwischen 200 Gramm und 250 Gramm Kürbisfleisch; allerdings gehört unsere Familie zu den guten Essern! Wer jedoch täglich kocht oder gar eine ganze Familie zu versorgen hat, der wird schon beim Lesen eines Rezeptes sehr gut abschätzen können, ob es für seine jeweilige Tafelrunde ausreicht oder ob noch eine Ergänzung bzw. Erweiterung der Zutaten vonnöten ist. In diesem Fall nehmen Sie bei den Kürbisgerichten einfach entsprechend mehr Kürbisfleisch als angegeben, oder Sie servieren eine Suppe als ersten Gang oder stellen einen Korb mit knusprigem frischem Weißbrot mit auf den Tisch.

Kürbissuppen

Die besten Menüs beginnen meist mit einer Suppe: Sie ist der ideale Einstieg für einen langen Abend kulinarischer Höhepunkte, mit Brot und Schinken kann sie jedoch auch solo serviert werden.

36

Beginnen Sie Ihre Karriere als Kürbisköchin oder Kürbiskoch am besten mit einer Kürbissuppe, denn sie ist schmackhaft, schnell zubereitet und somit ein idealer Einstieg in die Kürbisküche.

Italienische Kürbissuppe

Zutaten

1 Zwiebel · 1 Stange Lauch · 4 Knoblauchzehen · 2 EL Olivenöl · 1 l Gemüsebrühe · 1/2 l Weißwein (trocken) · 1 Blumenkohl · 500 g Kürbisfleisch (gewürfelt) · 1 Dose Tomaten · Salz · Pfeffer · 1 Bund Basilikum einige Rosmarinnadeln · Parmesan zum Bestreuen

Zubereitung

1 Die Zwiebel abziehen, hacken und in einem Topf in Olivenöl andünsten. Den Lauch waschen, putzen, in Ringe schneiden und dazugeben. Den Knoblauch abziehen, sehr fein hacken und ebenfalls dazugeben. **2** Alles mit der Gemüsebrühe und dem Wein ablöschen. **3** Den Blumenkohl waschen und in kleine Röschen teilen. Zusammen mit dem gewürfelten Kürbis und der Dose Tomaten in die Brühe geben. Alles zehn Minuten kochen lassen. **4** Mit Salz und Pfeffer abschmecken. Basilikum waschen, trockenschütteln, mit Rosmarin grob hacken und in die Suppe geben. Mit Parmesan bestreuen.

Diese Suppe erinnert ganz an die italienische Minestrone. Wer möchte, kann noch kleine gekochte Suppennudeln mit hineingeben.

Kürbis-Tomaten-Suppe mit Knoblauchcroûtons

Zutaten

1 Zwiebel · 1 Knoblauchzehe · 2 EL Olivenöl · 500 g Kürbisfleisch (fein gewürfelt) · 1 kleine Dose Tomaten · 1 l Gemüsebrühe · Salz · Pfeffer 1 TL Balsamicoessig

Croûtons: *1 Knoblauchzehe · 4 Scheiben Toastbrot · 1 EL Olivenöl*

Zubereitung

1 Die Zwiebel abziehen, fein hacken und in Olivenöl andünsten. Knoblauch abziehen, fein hacken und dazugeben. Die Kürbiswürfel ebenfalls dazugeben, alles unter Rühren 5 Minuten andünsten. **2** Die Dosentomaten etwas zerkleinern und samt Saft zu den Zwiebeln geben. Mit der Brühe auffüllen und etwa 15 Minuten leicht kochen lassen. **3** Die Suppe mit dem Pürierstab pürieren. Mit Salz, Pfeffer und Balsamicoessig abschmecken. **4** Für die Croûtons den Knoblauch abziehen, fein hacken und in Olivenöl andünsten. Das Toastbrot in kleine Würfel schneiden und im Knoblauchöl knusprig braten. Vor dem Servieren frisch in jeden Suppenteller geben.

Wenn es schnell gehen soll, können Sie auch auf fertige Croûtons oder Backerbsen zurückgreifen.

37

Die Kürbis-Tomaten-Suppe lässt sich selbstverständlich auch mit frischen Tomaten zubereiten; diese sollten dann allerdings zuvor geschält werden.

Gemüseeintopf mit Kürbis

Zutaten

400 g gemischtes Gemüse (z. B. Weißkraut, Möhren, Kartoffeln, Zwiebeln, Sellerie, Tomaten) · 30 g Butter · 300 g Kürbismus (siehe Seite 23)
1/2 l Gemüsebrühe · Salz · Pfeffer · 1 Bund Petersilie

Zubereitung

1 Das Gemüse waschen bzw. putzen und fein würfeln. In der Butter unter Rühren glasig dünsten. **2** Das Kürbismus dazugeben und mit der Gemüsebrühe auffüllen. **3** Alles in etwa 20 Minuten bei kleiner Hitze kochen lassen, dann mit Salz und Pfeffer abschmecken. **4** Die Petersilie waschen, abtropfen lassen und fein hacken. Vor dem Servieren über die Suppe streuen.

Kürbissuppe de luxe

Zutaten

2 Stangen Lauch · 1 kleine Zwiebel · 30 g Butter · 500 g Kürbisfleisch (entkernt) · 500 g Kartoffeln · 1/2 l Milch · 1/2 l Gemüsebrühe · Salz
Pfeffer · 1 Becher Crème fraîche

Zubereitung

1 Den Lauch waschen, putzen und in Ringe schneiden. Die Zwiebel abziehen und fein würfeln. Beides in der Butter andünsten. 2 Das Kürbisfleisch fein würfeln. Die Kartoffeln schälen und ebenfalls fein würfeln. Beides zum Lauch-Zwiebel-Gemisch geben. 3 Mit Milch und Gemüsebrühe ablöschen, aufkochen lassen und bei mittlerer Hitze etwa 20 Minuten kochen lassen. Mit Salz und Pfeffer abschmecken. 4 Mit dem Pürierstab pürieren, bis die Suppe sämig ist. 5 Vor dem Servieren je 1 Esslöffel Crème fraîche in die Teller geben.

38

Bereiten Sie einen großen Topf der Hühnersuppe mit Kürbis zu, und frieren Sie diese portionsweise ein. Sie ist ein idealer Aufwärmer für kalte Wintertage.

Hühnersuppe mit Kürbis

Zutaten

3 Hühnerbrüstchen · 3 EL Sonnenblumenöl · 1 Zwiebel · 500 g Kürbisfleisch (entkernt) · 1/2 rote Paprika · Salz · Pfeffer · Paprika · Curry 1 l Hühner- oder Gemüsebrühe · 1 Bund Schnittlauch

Zubereitung

1 Die Hühnerbrüstchen waschen, trockentupfen und in Würfel schneiden. In 1 Esslöffel Öl anbraten, zur Seite stellen. 2 Die Zwiebel abziehen und fein hacken. Das Kürbisfleisch würfeln. Die Paprika waschen und ebenfalls würfeln. Alles zusammen in den restlichen 2 Esslöffeln Öl anbraten. 3 Die Hühner- oder Gemüsebrühe dazugießen, nach Belieben würzen und bei mittlerer Hitze etwa 15 Minuten kochen lassen. 4 Am Ende der Kochzeit die Hühnerbrustwürfel wieder in die Suppe geben und erwärmen. 5 Den Schnittlauch waschen, trockenschütteln und in feine Röllchen schneiden. Vor dem Servieren über die Suppe streuen.

Kartoffel-Kürbis-Suppe

Zutaten

1 EL Kürbiskerne · 1 Zwiebel · 1 große Stange Lauch · 1 EL Sonnenblumenöl · 500 g Kartoffeln · 500 g Kürbisfleisch · 1/2 l Gemüsebrühe Salz · Pfeffer · geriebene Muskatnuss · 2 EL Balsamicoessig

Zubereitung

1 Die Kürbiskerne in einer Pfanne ohne Öl kurz anrösten, zur Seite stellen. **2** Die Zwiebel abziehen und fein hacken. Den Lauch waschen, putzen und in Ringe schneiden. Beides zusammen in Öl andünsten. **3** Die Kartoffeln schälen und würfeln. Den Kürbis würfeln. Beides zu den Zwiebeln und dem Lauch geben und kurz mit anbraten. **4** Mit der Brühe ablöschen, mit Salz, Pfeffer und Muskatnuss würzen und etwa 10 Minuten kochen lassen. **5** Vor dem Servieren mit Balsamicoessig abschmecken und die Kürbiskerne darüber streuen.

39

Die sonst eher blasse Kartoffelsuppe ist oftmals gerade bei Kindern nicht sonderlich beliebt, doch dank des orangefarbenen Kürbisfleisches erhält sie eine sehr appetitliche Farbe.

Friesensuppe mit Kürbis

Zutaten

1 Zwiebel · 2 EL Sonnenblumenöl · 300 g Kartoffeln · 500 g Kürbisfleisch (entkernt) · 1/4 l trockener Weißwein · 3/4 l Gemüsebrühe · Salz · Pfeffer 100 g Sahne · 150 g Krabbenfleisch · 1 Bund Dill

Zubereitung

1 Die Zwiebel abziehen, würfeln und in Öl andünsten. Die Kartoffeln schälen und würfeln. Den Kürbis würfeln und beides zu den

Servieren Sie zur Friesensuppe einen Weißwein und frisch aufgeschnittenes Weißbrot.

Zwiebeln geben und kurz mit andünsten. **2** Mit der Gemüsebrühe und dem Weißwein ablöschen und bei mittlerer Hitze etwa 20 Minuten kochen lassen. **3** Mit Salz und Pfeffer abschmecken. **4** Die Sahne darunter rühren, die Suppe mit dem Pürierstab pürieren. **5** Das Krabbenfleisch in die Suppe geben und erwärmen. **6** Den Dill abbrausen, trockentupfen, fein hacken und über die Suppe streuen.

40

Eine Gemüsebrühe kann immer als Suppengrundlage dienen; wählen Sie am besten ein vegetarisches Fertigprodukt, dessen Geschmack garantiert zum Kürbis passt.

Asiatische Kürbissuppe im Hokkaido-Kürbis

Zutaten

4 Hokkaido-Kürbisse mit maximal 1 kg Gewicht (1 Kürbis pro Person)
1 Zwiebel · 2 Knoblauchzehen · 2 EL Olivenöl · 400 g Kartoffeln · Salz
Pfeffer · Curry · Ingwerpulver · 1/4 l trockener Weißwein · 3/4 l Gemüsebrühe · frisches Zitronengras oder Zitronenpfeffer

Zubereitung

1 Von den Kürbissen den Deckel abschneiden, mit einem kleinen Messer aushöhlen, dabei einen etwa 1 Zentimeter dicken Rand stehen lassen. Für mehr Standfestigkeit eventuell eine Scheibe vom Boden abschneiden. Die Kerne entfernen, das Fruchtfleisch würfeln. **2** Die Zwiebel und Knoblauchzehen abziehen und fein hacken. In Olivenöl andünsten. **3** Die Kartoffeln schälen, in Würfel schneiden, mit den Kürbiswürfeln zu den Zwiebeln geben. Kurz mit andünsten. **4** Mit Weißwein und Gemüsebrühe ablöschen, mit Salz, Pfeffer, Curry, Ingwerpulver würzen und etwa 20 Minuten auf mittlerer Hitze kochen lassen. **5** Mit dem Pürierstab pürieren und in die ausgehöhlten Kürbisse füllen. Mit frischem gehacktem Zitronengras bestreuen oder mit etwas Zitronenpfeffer abschmecken.

Riesenkürbissuppe

Zutaten

1 Kürbis (4 – 5 kg Gewicht) · 2 Zwiebeln · 2 Knoblauchzehen · 2 EL Sonnenblumenöl · 1 l Gemüsebrühe · 1/4 l trockener Weißwein · 750 g Sahne
Salz · Pfeffer · geriebene Muskatnuss · Zitronensaft · Sojasauce

41

Geben Sie eine Einladung im Herbst, so ist die Kürbissuppe mit Esskastanien als Auftakt zu einem Menü mit Wild besonders gut geeignet.

Zubereitung

1 Von dem Kürbis den Deckel abschneiden. Den Kürbis mit einem Messer aushöhlen, dabei einen 1 Zentimeter dicken Rand stehen lassen. Für mehr Standfestigkeit eventuell eine Scheibe des Bodens abschneiden. Die Kerne und Fäden entfernen, das Kürbisfleisch würfeln. **2** Die Zwiebeln und Knoblauchzehen abziehen, fein hacken und in Öl andünsten. **3** Gemüsebrühe, Wein und Sahne dazugeben, etwa 15 Minuten bei mittlerer Hitze kochen lassen. **4** Nach Belieben würzen, mit Zitronensaft und Sojasauce abschmecken und mit dem Pürierstab fein pürieren. Die Suppe vor dem Servieren in den bereitgestellten Kürbis füllen.

Herbstliche Kürbissuppe mit Esskastanien

Zutaten

1 Zwiebel · 2 EL Olivenöl · 750 g Kürbisfleisch (entkernt) · Salz · Pfeffer · Paprika · Muskatnuss · Kurkuma · 3/4 l Gemüsebrühe · 400 g Esskastanien (Dose oder tiefgekühlt) · 1/2 Bund Petersilie · 100 g Sahne

Zubereitung

1 Die Zwiebel abziehen und fein hacken. Das Kürbisfleisch würfeln. Beides in Olivenöl andünsten. **2** Nach Belieben würzen, mit der Gemüsebrühe ablöschen. **3** Die Esskastanien dazugeben und alles etwa 15 Minuten bei mittlerer Hitze kochen lassen. Achtung: Suppe nur vorsichtig umrühren, da die Kastanien sonst zerfallen! **4** Die Petersilie abbrausen, trockentupfen und sehr fein hacken. Die Sahne steif schlagen und die Petersilie unterheben. **5** Vor dem Servieren auf jeden Suppenteller einen Klacks Kräutersahne geben.

Mexikanische Gemüsesuppe mit Kürbis

Zutaten

1 Zwiebel · 2 Knoblauchzehen · 1 Stange Lauch · 2 EL Olivenöl 500 g Kürbisfleisch (entkernt) · 1 rote Paprika · 250 g Mais (Dose oder tiefgekühlt) · Salz · Pfeffer · Chilipulver · Zitronenpfeffer · 1 l Gemüsebrühe

Zubereitung

1 Die Zwiebel und Knoblauchzehen abziehen und fein hacken. Den Lauch waschen, putzen und in Ringe schneiden. Alles in Olivenöl andünsten. **2** Das Kürbisfleisch würfeln. Die Paprika waschen, entkernen und ebenfalls in Würfel schneiden. Beides zu den Zwiebeln geben und 5 Minuten mitdünsten. Den Mais dazugeben. **3** Nach Belieben würzen. **4** Mit der Gemüsebrühe ablöschen und bei mittlerer Hitze etwa 20 Minuten kochen lassen.

Ein komplettes mexikanisches Menü erhalten Sie, wenn Sie zu der mexikanischen Gemüsesuppe noch Tacos mit frisch zubereiteter scharfer Kürbissauce servieren. Das Rezept hierzu finden Sie auf Seite 61.

Spanische Fischsuppe mit Kürbisfleisch

Zutaten

1 Zwiebel · 2 Knoblauchzehen · 1 Stange Lauch · 3 Möhren · 3 EL Olivenöl 500 g Kürbisfleisch (entkernt) · 1 große Dose Tomaten · 1/4 l trockener Weißwein · 3/4 l Gemüsebrühe · Salz · Pfeffer · Paprika · 500 g Fischfilets (z. B. Kabeljau, Rotbarsch, Seelachs) · Saft einer Zitrone · pro Person 1 Scheibe Weißbrot · einige EL Ajoli (Knoblauchsoße)

Zubereitung

1 Die Zwiebel und Knoblauchzehen abziehen und fein würfeln. Den Lauch putzen und in Ringe schneiden. Die Möhren putzen und in feine Würfel schneiden. Alles zusammen in Olivenöl 5 Minuten andünsten. **2** Das Kürbisfleisch würfeln und mit der Dose Tomaten (inklusive Saft) zum restlichen Gemüse geben. Mit Wein und Gemüsebrühe ablöschen und 5 Minuten bei mittlerer Hitze kochen lassen. **3** Nach Belieben würzen. **4** Die Fischfilets waschen, trockentupfen, mit dem Zitronensaft einreiben, etwas salzen und pfeffern und in 2 mal 2 Zentimeter große Stücke schneiden. In die Suppe geben und bei geringer Hitze 5 bis 7 Minuten ziehen lassen. **5** Die Weißbrotscheiben knusprig toasten oder grillen, mit je 1 Esslöffel Ajoli bestreichen und vor dem Servieren auf jeden Suppenteller geben.

42

Durch das Hinzufügen von Kürbismus können Sie jede Suppe und jede Sauce sämig machen, und das ganz ohne Fettzugabe! Das Rezept für das Kürbismus finden Sie auf Seite 23.

Kürbisgerichte aus dem Backofen

Das feste Kürbisfleisch eignet sich besonders gut zum Braten, Grillen und zum Überbacken in der Backröhre. Ob Ihnen dabei der Sinn nach einem luftigen Kürbissoufflé steht oder lieber nach einem würzigen Käse-Kürbis-Gratin, bleibt Ihnen überlassen. Alle Kürbisgerichte aus dem Backofen lassen sich schnell zubereiten oder – wenn sich Gäste angesagt haben – auch sehr gut vorbereiten, so dass man als Gastgeber nicht mehr lange in der Küche stehen muss.

43

Eine lustige Idee ist es, jedem Gast einen kleinen, selbst gezogenen Kürbis samt Rezept des servierten Gerichtes mit auf den Nachhauseweg zu geben.

Kürbis für Gäste

Je verwöhnter die Gaumen, je restauranterfahrener und ausgehfreudiger die Gäste, desto mehr schätzen sie die einfache ländliche Küche, in der im Herbst der Kürbis eine große Rolle spielt. Wann immer wir eine Einladung rund um den Kürbis geben, ist der Erfolg der Tafel gesichert; es gibt kaum jemanden, der sich nicht von einem schmackhaften Kürbisgericht überzeugen lässt. Viele Rezepte, wie eine Kürbissuppe, serviert im ausgehöhlten Riesenkürbis, oder ein gefüllter und im Ofen gebackener Kürbis, eignen sich besonders gut für Gäste. Da viele Menschen Kürbisse für etwas Exotisches und Besonderes halten, können Sie sich als Köchin oder Koch solcher Spezialitäten der Bewunderung Ihrer Gäste sicher sein!

Kartoffel-Kürbis-Gratin alla Napolitana

Zutaten

600 g Kartoffeln · 1 Zwiebel · 1 Knoblauchzehe · 1 EL Olivenöl
500 g Kürbisfleisch (entkernt) · 300 ml Milch · 200 g Gorgonzola · 3 Eier
Salz · Pfeffer · Oregano · geriebene Muskatnuss · 50 g frisch geriebener Parmesan · 1 EL Fett für die Auflaufform

Zubereitung

1 Die Kartoffeln gar kochen, abkühlen lassen, pellen und in Scheiben schneiden. **2** Die Zwiebel und die Knoblauchzehe abziehen, fein hacken und in Olivenöl andünsten. **3** Das Kürbisfleisch in Scheiben schneiden, zu der Zwiebel geben und alles etwa 5 Minuten andünsten. Eine Auflaufform fetten und die Kartoffeln im Wechsel mit den Kürbisscheiben hineinschichten. **4** Die Milch erwärmen – nicht kochen! –, den Gorgonzola klein schneiden und darin schmelzen. Die Eier verquirlen, in die Käsemilch geben und würzen. Alles verrühren und über die Kartoffel-Kürbis-Schichten geben. **5** Den Parmesan darüber streuen und das Gratin im vorgeheizten Backofen bei 180 °C etwa 30 Minuten backen, bis die Eiermilch vollständig fest geworden ist.

44

Falls Sie oder Ihre Kinder den Gorgonzolageschmack nicht besonders gerne mögen, dann können Sie stattdessen für das Kartoffel-Kürbis-Gratin auch Schmelzkäse verwenden.

Italienische Antipasti mit gegrilltem Kürbis

Zutaten

800 g Kürbisfleisch (entkernt) · Salz · Pfeffer · 2 Knoblauchzehen
1/4 l Olivenöl · 1 frischer Zweig Rosmarin · Oregano (nach Belieben)
400 g rote Paprika · 2 EL Balsamicoessig · 2 EL Olivenöl
100 g schwarze Oliven · 200 g Parmaschinken · 100 g Mailänder Salami · Weißbrot als Beilage

Gegrillter Kürbis ist eine Delikatesse für ein Gartenfest an einem lauen Sommerabend.

Zubereitung

1 Das Kürbisfleisch in längliche Spalten schneiden, salzen und pfeffern und auf ein mit Backpapier ausgelegtes Backblech legen. **2** Die Knoblauchzehen abziehen, in das Olivenöl pressen, die Rosmarinnadeln und Gewürze dazugeben und die Kürbisspalten mit dem Würzöl bestreichen. **3** Die Paprikaschoten waschen, halbieren, entkernen und mit Außenhaut nach oben auf das Backblech legen. **4** Kürbisspalten und Paprika im vorgeheizten Ofen bei 220 °C in etwa 25 Minuten grillen, bis der Kürbis knusprig braun ist. **5** Den Kürbis herausnehmen und die Paprikaschoten nochmals 10 Minuten bei 240 °C in die Röhre geben, bis ihre Haut schwarz wird und zu platzen beginnt. Die Paprika herausnehmen, etwas abkühlen lassen und die Haut abziehen. **6** Die Kürbisspalten auf einer großen Platte anrichten, mit Balsamicoessig marinieren. Die Paprikahälften ebenfalls in Spalten schneiden, anrichten und mit dem Olivenöl beträufeln. **7** Die Oliven, den Schinken und die Salami dazu dekorieren und mit frischem Weißbrot servieren.

45

Hier noch eine weitere Antipastiidee: Statt klassischer Bruschettes mit Tomaten können Sie auch Weißbrotscheiben mit Kürbiswürfeln, Knoblauch und Olivenöl im Ofen überbacken.

Fixer Kürbisstrudel

Zutaten

1 Paket Blätterteig (tiefgekühlt) · 1 große Zwiebel · 1 Bund Petersilie
2 EL Sonnenblumenöl · 600 g Kürbisfleisch (entkernt) · 100 g Magerquark
50 g Butter · 100 g Sauerrahm · 3 Eier · 80 g Mehl · Salz · Pfeffer
Kümmel · geriebene Muskatnuss · 1 Eigelb zum Bestreichen

Zubereitung

1 Die tiefgefrorenen Platten des Blätterteiges nebeneinander legen und auftauen lassen. **2** Die Zwiebel abziehen, fein hacken. Die Petersilie abbrausen, trockentupfen und fein hacken. Beides zusammen in Sonnenblumenöl andünsten. **3** Den Kürbis auf der Gemüsereibe grob raspeln, in ein dünnes Geschirr- oder Mulltuch geben, gut auspressen. Zu den Zwiebeln geben. **4** Den Magerquark zusammen mit der Butter, dem Sauerrahm und den Eiern mit dem Handrührgerät cremig schlagen. Nach und nach das Mehl unterrühren.

5 Mit Salz, Pfeffer, Kümmel und Muskatnuss würzen. Die Zwiebel-Kürbis-Masse darunter geben und alles durchrühren. **6** Die aufgetauten Blätterteigplatten übereinander lappend zu einer großen Teigplatte zusammenfügen, dabei die Ränder gut zusammendrücken. **7** Die Kürbismasse auf der Teigplatte verteilen und diese der Länge nach aufrollen. **8** Den Strudel auf ein mit Backpapier ausgelegtes Backblech setzen, mit dem Eigelb bestreichen und im vorgeheizten Ofen bei 180 °C etwa 40 Minuten backen.

46

Damit der Strudelteig nicht durchweicht und der Strudel dadurch unansehnlich wird, ist es wichtig, den Saft aus den Kürbisraspeln vor der Verwendung auszupressen.

Gefüllter Türkenturban

Zutaten

1 großer Türkenturban · 2 Zwiebeln · 2 Knoblauchzehen · 500 g Rinderhack · 1 EL Olivenöl · Salz · Pfeffer · Paprika · 2 Möhren · 250 g frische Champignons · 300 g Kürbisfleisch (entkernt) · 1 EL Olivenöl · 1/4 l Gemüsebrühe · 1 Bund Petersilie

Zubereitung

1 Den Deckel des Türkenturbans abschneiden. Den Kürbis mit Hilfe eines Löffels und Messers aushöhlen, dabei einen 1 Zentimeter dicken Rand stehen lassen. Zur Seite stellen. **2** Die Zwiebeln und Knoblauchzehen abziehen, fein hacken. Zusammen mit dem Rinderhack in Olivenöl anbraten und würzen. **3** Die Möhren schälen, in feine Würfel schneiden. Die Pilze putzen und ebenfalls zerkleinern. Das Kürbisfleisch würfeln. Alles zusammen in Olivenöl andünsten. Die Hackfleischmasse dazugeben und gut vermischen. **4** Die Petersilie waschen, trockentupfen und fein hacken. Unter die Füllmasse mischen. **5** Die Füllmasse in den ausgehöhlten Kürbis geben, die Gemüsebrühe darüber gießen. **6** Den Kürbis im vorgeheizten Ofen bei 200 °C etwa 35 Minuten backen. Nun den Deckel aufsetzen und für weitere 10 Minuten garen.

Kommt ein gefüllter Kürbis auf den Tisch, ist das »Aaah« und »Oooh« der Gäste immer besonders laut. Statt des Türkenturbans können Sie selbstverständlich auch einen Gelben oder einen Roten Zentner nehmen.

Gebackene Kürbiskugeln

Zutaten

800 g Kürbisfleisch (entkernt) · 1 Zwiebel · 1 Knoblauchzehe
2 EL Olivenöl · 100 g Sahne · 100 g geriebener Käse · 2 Eier
Salz · Pfeffer · Paprika · 1 Bund Schnittlauch

Zubereitung

1 Mit einem Kugelausstecher aus dem Kürbisfleisch Kugeln formen. **2** Zwiebel und Knoblauchzehe abziehen, fein hacken und in Olivenöl andünsten. Die Kürbiskugeln dazugeben und unter Rühren 5 Minuten mit andünsten. **3** Die Sahne mit dem geriebenen Käse und den verquirlten Eiern mischen und würzen. Das Gemüse in eine gefettete Auflaufform geben, das Käse-Sahne-Gemisch darüber geben. **4** Die Kürbiskugeln im vorgeheizten Backofen bei 220 °C etwa 15 Minuten backen. **5** Den Schnittlauch waschen, trockentupfen, in Röllchen schneiden. Vor dem Servieren die Kürbiskugeln großzügig mit den Schnittlauchröllchen bestreuen.

47

Das Kürbissoufflé ist auch von Kochanfängerinnen und -anfängern leicht zu bewältigen – probieren Sie es! Achten Sie jedoch darauf, dass Sie es möglichst heiß servieren, damit es nicht zusammenfällt.

Einfaches Kürbissoufflé

Zutaten

800 g Kürbisfleisch (entkernt) · 200 g Sahne · 3 Eier · Salz · Pfeffer
Paprika · 1 EL Butter für die Auflaufform · 50 g Parmesan

Zubereitung

1 Das Kürbisfleisch würfeln und in Salzwasser in 10 Minuten gar kochen. Über einem Sieb das Wasser abgießen, Kürbiswürfel gut abtropfen lassen. Mit einer Gabel musig zerdrücken und abkühlen lassen. **2** Die Eier trennen. Die Sahne mit den Eigelben verquirlen und würzen. Die Eiweiße steif schlagen. **3** Zuerst das Kürbismus mit dem Sahnegemisch vermengen, dann den Eischnee unterheben. **4** Das Gemisch in eine gefettete Auflaufform füllen. Den Parmesan reiben und über das Soufflé streuen. **5** Im vorgeheizten Backofen bei 180 °C etwa 20 Minuten backen. Sofort servieren!

Panierte Kürbisspalten

Zutaten

800 g Kürbisfleisch (entkernt) · 100 g Semmelbrösel · 50 g geriebener Parmesan · Salz · Pfeffer · Paprika · 2 Eier

Zubereitung

1 Das Kürbisfleisch in schmale Spalten schneiden. 2 Die Semmelbrösel mit dem Parmesan mischen und würzen. 3 Die Eier mit den Gewürzen verquirlen. 4 Die Kürbisspalten erst in den Eiern, dann in der Semmelbröselmischung wälzen. 5 Die panierten Kürbisspalten auf ein mit Backpapier ausgelegtes Blech legen und im vorgeheizten Ofen bei 200 °C etwa 7 Minuten backen. Danach die Kürbisspalten wenden und weitere 7 Minuten backen.

Diese panierten Kürbisspalten sind wesentlich fettärmer und damit auch bekömmlicher als in der Fritteuse gebackenes Gemüse! Probieren Sie es aus! Die Kürbisspalten lassen sich sowohl warm mit einer Tomatensauce als auch kalt, beispielsweise mit einer Kürbisremoulade, servieren. Das Rezept für die Kürbisremoulade finden Sie auf Seite 60.

48

Zum Panieren der Kürbisspalten eignen sich auch sehr gut Vollkornsemmelbrösel. Statt des Parmesans können Sie auch einen anderen Hartkäse nehmen.

Die panierten Kürbisspalten sind nicht nur schmackhaft, sondern auch etwas für Leute, die ein wenig auf ihre Ernährung achten möchten.

Kürbisspezialitäten

Sicher können Sie mir beipflichten, wenn ich meine, dass in einem Buch über den Kürbis auch wirklich der Kürbis die kulinarische Hauptrolle spielen und nicht nur als 50-Gramm-Alibi-Beigabe behandelt werden soll. Aber hätten Sie auch gedacht, dass der Kürbis sogar im Alleingang in der Küche bestehen kann? Die hier folgenden Rezepte beweisen es.

Buttrige Butternuts

Zutaten

2 Butternuts (je etwa 400 g Gewicht) · 4 EL Butter · 2 EL Zitronensaft
Salz · Pfeffer

Zubereitung

1 Die Butternuts der Länge nach halbieren, mit einem Löffel entkernen. Von ihrer Rundung eine kleine Scheibe abschneiden, damit sie mit der Schnittfläche nach oben stehen können. **2** Die Butter mit dem Zitronensaft verrühren, salzen und pfeffern. **3** Die Butternuts auf ein mit Backpapier ausgelegtes Blech legen. Je 1 Esslöffel Buttergemisch in die Vertiefungen geben. **4** Im vorgeheizten Backofen bei 180 °C 15 bis 20 Minuten backen.

Sie können die buttrigen Butternuts auch als interessantes Hauptgericht servieren: Bereiten Sie pro Person einen großen gemischten Salatteller zu, und setzen Sie eine warme Kürbishälfte in dessen Mitte. Das Kürbisaroma, die gewürzte Butter und der knackige Salat ergeben eine überraschende Komposition!

49

Füllen Sie die buttrigen Butternuts auch einmal mit Shrimps und frischem Dill, so lernen Sie eine besonders köstliche und sommerliche Variante kennen.

Gratinierter Kürbistoast

Zutaten

4 Eier · 400 g Kürbisfleisch (entkernt) · 200 g geriebener Käse · Salz
Pfeffer · viel Paprika · 10 Scheiben Schwarzbrot oder Kürbiskernbrot
2 Tomaten · einige Stiele Petersilie

Zubereitung

1 Die Eier verquirlen. Den Kürbis grob auf der Küchenreibe raspeln. Kürbisraspel und Käse unter die Eier mischen und würzen. **2** Die Schwarzbrotscheiben damit 1 Zentimeter dick bestreichen und im vorgeheizten Ofen bei 200 °C etwa 20 Minuten backen. **3** Tomaten und Petersilie waschen und trockentupfen. Tomaten vierteln, Petersilie fein hacken. **4** Den Toast mit den Tomaten und der Petersilie garniert servieren.

Kürbischips

Zutaten

1 Butternut · Salz · Pfeffer · Paprika · 1 EL Olivenöl

Zubereitung

1 Den Kürbis fein schälen, halbieren und entkernen. Auf dem Gemüsehobel in feine Scheiben schneiden. Würzen und auf ein mit Backpapier ausgelegtes Backblech legen. Die Scheiben sollten dabei nicht überlappen. Das Olivenöl tropfenweise darüber geben. **2** Im vorgeheizten Ofen bei 220 °C etwa 15 Minuten backen, bis die Chips knusprig sind.

Kürbisfrittata

Zutaten

1 Zwiebel · 2 EL Olivenöl · 500 g Kürbisfleisch (entkernt) · 5 Eier
5 EL Milch · Salz · Pfeffer · Paprika · je 1 Bund Schnittlauch und
Petersilie · 1/2 Bund Dill · einige Salatblätter zum Anrichten

Zubereitung

1 Die Zwiebel abziehen, fein hacken und in Olivenöl andünsten. **2** Den Kürbis auf dem Gemüsehobel grob raspeln. **3** Die Eier mit der Milch verquirlen, würzen. Die Kräuter abbrausen, trockentupfen, fein hacken und zu der Eiermilch geben. **4** Die Kürbisraspel in die Eiermilch geben und alles gut verrühren. Zu den Zwiebeln in die

50

Planen Sie ein Picknick? Dann bereiten Sie eine Kürbisfrittata zu, und packen Sie diese in Ihren Picknickkorb, denn sie schmeckt nicht nur heiß, sondern auch kalt ausgezeichnet.

heiße Pfanne geben und 10 Minuten ohne Deckel bei mittlerer Hitze fest werden lassen. Danach mittels eines aufgelegten Tellers die Frittata vorsichtig wenden und nochmals etwa 10 Minuten, jetzt zugedeckt, backen. **5** Die Salatblätter waschen, trockentupfen, auf einem großen Teller verteilen und die Frittata darauf servieren. Wie eine Torte anschneiden.

Sie können in die Eiermilch noch 100 Gramm geriebenen Käse geben oder die gebackene Frittata mit Parmesan bestreuen.

51

Falls eines der exotischen Gewürze nicht erhältlich sein sollte, so lassen Sie es einfach weg: Kürbis im Wok gelingt nämlich auf vielerlei Arten!

Kürbis im Wok

Zutaten

1 Zwiebel · 1 Knoblauchzehe · 1 frisches Stück Ingwer · 1 Chilischote
2 EL Sojaöl · 2 EL Sojasauce · je 1 Stiel Zitronengras und Koriander
1 EL Currypaste (Asialaden) · 600 g Kürbis · 200 g Kartoffeln
150 ml Gemüsebrühe · 1 kleine Dose Maiskörner (100 g) · Salz · Pfeffer

Zubereitung

1 Zwiebel und Knoblauchzehe abziehen, fein hacken. Ingwer und Chilischote waschen, trockentupfen und ebenfalls fein hacken. Alles in Sojaöl andünsten. Sojasauce dazugeben. Zitronengras und Koriander hacken, mit der Currypaste dazugeben. **2** Kürbis in schmale Spalten schneiden. Kartoffeln waschen, schälen und in feine Würfel schneiden. Alles in den Wok geben. Mit Gemüsebrühe ablöschen. Unter Rühren etwa 20 Minuten garen. **3** Den Mais dazugeben und erwärmen. Mit Salz und Pfeffer abschmecken.

Servieren Sie den Kürbis aus dem Wok doch auch einmal ganz stilecht mit gekochtem Reis, mit Essstäbchen und in Asiageschirr.

Zucchini-Pesto-Ecken

Zutaten

1 Paket Blätterteig (tiefgekühlt) · 2 Knoblauchzehen · 1–2 Bund Basilikum · 100 g Walnüsse · 100 g Parmesan · 80 ml Olivenöl · eventuell einige Löffel Gemüsebrühe · 500 g Zucchini · Salz · Pfeffer · 1 Ei

Zubereitung

1 Die Blätterteigplatten nebeneinander liegend auftauen. **2** Die Knoblauchzehen abziehen und fein hacken. Das Basilikum abbrausen, trockentupfen und fein hacken. Die Walnüsse hacken. Den Parmesan reiben. **3** Alles zusammen mit dem Olivenöl in den Mixer geben und zu einer geschmeidigen Masse verrühren. Sollte Flüssigkeit fehlen, etwas Gemüsebrühe dazugeben, bis die Pestomasse glatt ist. **4** Die Zucchini waschen, auf dem Gemüsehobel grob raspeln, in ein dünnes Geschirrtuch geben und abtropfen lassen, bei sehr saftigen Früchten das Wasser etwas herauspressen. **5** Die Zucchiniraspel in eine Schüssel geben und mit dem Pesto vermischen. Das Gemisch würzen. **6** Das Ei verquirlen. Die Blätterteigplatten halbieren. Die Ränder mit etwas Ei bestreichen. Je 1 Esslöffel Zucchinimasse in eine Ecke geben und diagonal falten, damit ein Dreieck entsteht. Die Ränder gut zusammendrücken. **7** Auf einem mit Backpapier ausgelegten Blech bei 200 °C etwa 20 Minuten backen.

52

Die Zucchini-Pesto-Ecken lassen sich statt aus Zucchini auch aus jeder Art Kürbis zubereiten. Im Winter können Sie sogar Kürbismus aus der Tiefkühltruhe hierfür verwenden. Dieses sollten Sie dann zuvor gut abtropfen lassen.

Kürbispuffer

Zutaten

1 große Zwiebel · 500 g Kürbisfleisch (entkernt) · 500 g Kartoffeln · 3 Eier Salz · Pfeffer · geriebene Muskatnuss · 50 g Mehl · 50 g geriebene Kürbiskerne · etwas Sonnenblumenöl zum Ausbacken

Zubereitung

1 Die Zwiebel abziehen und fein hacken. **2** Den Kürbis auf einem Gemüsehobel grob raspeln. Die Kartoffeln waschen, schälen, ebenfalls grob raspeln. Beides mit den Zwiebelwürfeln mischen. **3** Die Eier verquirlen und würzen. Die Gemüseraspel, das Mehl und die geriebenen Kürbiskerne dazugeben. Alles gut vermischen. **4** Für einen Kürbispuffer je 2 Esslöffel Masse in heißem Sonnenblumenöl ausbacken und einmal wenden.

Kürbis hat zwei große Vorteile: Er ist gesund und günstig. Servieren Sie zunächst eine Kürbissuppe als ersten Gang und danach die Kürbispuffer!

Kürbisrisotto

Zutaten

500 g Kürbisfleisch (entkernt) · 3 EL Butter · Salz · Pfeffer · 11/2 l Gemüsebrühe · 3 EL Olivenöl · 200 g Risottoreis · 100 g gekochter Schinken 100 g Parmesan

Zubereitung

1 Das Kürbisfleisch würfeln und in der Butter andünsten, salzen und pfeffern. Zur Seite stellen. **2** Die Gemüsebrühe erhitzen. **3** Das Olivenöl in einer Pfanne erhitzen, den Reis unter Rühren kurz anbraten, sofort darauf mit einer Tasse heißer Brühe ablöschen. **4** Unter Rühren dünsten, bis die Brühe verdampft ist, dann wieder eine Tasse Brühe hinzufügen. So verfahren, bis das Risotto cremig und gar ist. **5** Den Schinken in feine Streifen schneiden, mit den Kürbiswürfeln unter das Risotto rühren. **6** Den Parmesan reiben und kurz vor dem Servieren über das Risotto streuen.

Hier ergeben sich viele Variationsmöglichkeiten: Nehmen Sie statt Kürbisfleisch Zucchini! Oder ersetzen Sie den Schinken durch Krabben. Sie können auch dieses Risotto zum Füllen eines Türkenturbans verwenden, den Sie danach nochmals für etwa 20 Minuten im Ofen überbacken.

53

Generell gilt für ein gutes Gelingen der Rezepte: Ist eine Kürbissorte sehr wasserhaltig, sollten Sie die Kürbisraspel in einem Mulltuch zuvor »entwässern«.

Kürbisrührei

Zutaten

1 Zwiebel · 1 Knoblauchzehe · 250 g Kürbis (entkernt) · 150 g Zucchini 2 EL Olivenöl · 6 Eier · Salz · Pfeffer · Paprika

Zubereitung

1 Zwiebel und Knoblauchzehe abziehen und fein hacken. Das Kürbisfleisch in feine Würfel schneiden. Die Zucchini möglichst mit der Schale in feine Würfel schneiden. Alles in Olivenöl einige Minuten andünsten. **2** Die Eier verquirlen, würzen und über das Gemüse geben. Unter Rühren anbraten.

Kürbisrührei passt sehr gut als kleines Gericht zu einem sonntäglichen Brunch. Sie können es jedoch auch auf Toastbrotscheiben geben und mit etwas geriebenem Käse im Backofen überbacken.

Gegrillter Kürbis »Summertime«

54

Köstliche und heiß ersehnte Alternative zu Fleisch auf sommerlichen Grillpartys sind für Vegetarier die gegrillten Kürbisspalten!

Zutaten

8 kleine, weichschalige Kürbisse (z. B. junge Butternuts und Zucchini)
3 Knoblauchzehen · 1 EL Kräuter der Provence · 100 ml Olivenöl
Salz · Pfeffer

Zubereitung

1 Die Kürbisse waschen, trockentupfen und der Länge nach in fingerdicke Scheiben schneiden. **2** Die Knoblauchzehen abziehen, fein hacken und mit den Kräutern zusammen ins Olivenöl geben. **3** Die Kürbisscheiben großzügig mit dem Kräuteröl einstreichen. **4** Auf dem offenen Grill unter ständigem Wenden grillen, bis die Kürbisscheiben knusprig braun sind.

Sie können die Kürbisscheiben auch mit etwas Kräuteröl und einigen Tomatenscheiben auf Alufolie geben und zu Päckchen verschließen. Diese am Rand des Grills, wo die Hitze der Glut nicht so stark ist, in 30 Minuten langsam garen lassen.

Penne mit Kürbissauce

Zutaten

1 Zwiebel · 2 Knoblauchzehen · 2 EL Olivenöl · 400 g Kürbis (entkernt) · 100 ml Milch · 100 g Sahne · Salz · Pfeffer · Zitronensaft
500 g Penne (kleine Röhrchennudeln) · 80 g geriebener Parmesan

Zubereitung

1 Zwiebel und Knoblauchzehen abziehen und fein hacken. In einer großen Pfanne in Olivenöl andünsten. **2** Den Kürbis auf dem Gemüsehobel fein raspeln. Zu der Zwiebel geben und unter Rühren kurz andünsten. **3** Mit Milch und Sahne ablöschen, würzen und

5 Minuten bei mittlerer Hitze kochen lassen. **4** Die Sauce mit dem Pürierstab pürieren, nochmals 5 Minuten kochen lassen. **5** Die Penne gar kochen, abgießen und zu der Kürbissauce in die Pfanne geben. **6** Alles gut verrühren und mit Parmesan bestreuen.

55

Die Penne mit Kürbissauce bestechen zwar durch einen herrlich cremigen Geschmack, haben jedoch optisch nicht allzu viel zu bieten. Farbenfroher wird dieses Gericht, wenn Sie grüne oder rote Nudeln verwenden oder einen bunten Salat dazu servieren.

Deftiger Kürbis-Quark-Auflauf

Zutaten

800 g Kürbisfleisch (entkernt) · 1 Knoblauchzehe · 250 g Magerquark
100 g Sauerrahm · Salz · Pfeffer · Paprika · 100 g geriebener Käse zum Überbacken · 50 g Kürbiskerne · 2 EL Butter

Zubereitung

1 Das Kürbisfleisch in Spalten schneiden, kurz blanchieren. **2** Die Knoblauchzehe abziehen, in den Quark pressen. Den Sauerrahm und die Gewürze dazugeben und alles verrühren. **3** Die Kürbisspalten in eine gefettete Auflaufform geben, die Quarkmasse darüber verteilen. Mit dem Käse bestreuen, Kürbiskerne und kleine Butterflöckchen darauf geben. **4** Im vorgeheizten Backofen bei 220 °C etwa 15 Minuten backen, bis die Quarkmasse fest geworden ist.

Sie können den Kürbis-Quarkauflauf sowohl als Vor- als auch als Hauptspeise servieren.

Mit Fisch, Fleisch & Co

So köstlich Kürbis pur schmeckt – kombiniert mit Fisch, Fleisch und Geflügel kann er sich ebenfalls gut sehen lassen! Gemeint ist hier nicht der Kürbis als ausgefallene, sondern als unentbehrliche Zutat eines Hauptganges. Lassen Sie sich abermals überraschen von der Verwandlungs- und Anpassungsfähigkeit dieser Frucht.

Hähnchen mit Kürbisfüllung

Zutaten

1 Biohähnchen (etwa 1,4 kg Gewicht) · Salz · Pfeffer · Paprika

Füllung: *1 Zwiebel · 2 Möhren · 1 kleine Stange Lauch · 2 EL Olivenöl 300 g Kürbisfleisch (entkernt) · 30 g Kürbiskerne (gehackt) · 5 Scheiben Weißbrot · 2 Eier · Salz · Pfeffer · Paprika · Küchenzwirn zum Zunähen*

1 EL Olivenöl · Paprika

Zubereitung

1 Die Zwiebel abziehen und hacken. Die Möhren schälen und in kleine Würfel schneiden. Den Lauch putzen und in Ringe schneiden. Alles in Olivenöl andünsten. **2** Das Kürbisfleisch auf dem Gemüsehobel grob raspeln und zu den Zwiebeln geben, kurz mit andünsten. Die gehackten Kürbiskerne darunter mengen. Alles zur Seite stellen. **3** Das Huhn waschen und trockentupfen, innen und außen würzen. In einen gefetteten Bräter geben. **4** Die Eier in eine Schüssel schlagen, die Weißbrotwürfel dazugeben, alles vermischen. **5** Die Gemüsemasse dazugeben, vermischen und würzen. (Falls die Masse zu feucht ist, noch etwas Weißbrotwürfel oder Paniermehl dazugeben.) **6** Das Hähnchen mit der Masse prall füllen, dann die Öffnung zunähen. Mit Olivenöl einpinseln und nach Belieben mit Paprika bestreuen. **7** Im vorgeheizten Backofen etwa 50 Minuten bei 200 °C braten, dabei nach der Hälfte der Backzeit wenden.

Damit das Hähnchen besonders schön knusprig wird, zwischendurch möglichst mit etwas Olivenöl einstreichen. Hierzu passt gut ein sahniges Kürbisgemüse (siehe Seite 59).

56

Verwenden Sie für das Hähnchen mit Kürbisfüllung eine Kürbissorte mit festem Fleisch, z. B. einen Hokkaido. Sollte Ihr Kürbis zu wässrig sein, pressen Sie vor dem Anbraten etwas Kürbissaft aus den Kürbisraspeln.

Kasseler-Kürbis-Kasserole

Zutaten

1 große Zwiebel · 2 EL Sonnenblumenöl · 500 g Kasseler (ohne Knochen)
1/2 l Gemüsebrühe · 500 g Kürbisfleisch (entkernt) · Salz · Pfeffer
geriebene Muskatnuss

1 Die Zwiebel abziehen, grob hacken und in Öl andünsten. Das Kasseler in mundgerechte Würfelchen schneiden, zu der Zwiebel geben und kurz anbraten. **2** Mit der Gemüsebrühe ablöschen und bei mittlerer Hitze etwa 25 Minuten kochen lassen. **3** Das Kürbisfleisch in Würfel schneiden und zum Fleisch dazugeben, nochmals 5 Minuten kochen lassen. **4** Mit Salz (vorsichtig, das Kasseler ist meist salzig genug!), Pfeffer und geriebener Muskatnuss abschmecken.
Kürbis eignet sich meiner Ansicht nach mindestens ebenso gut für dieses deftige Gericht wie Sauerkraut. Am liebsten serviere ich dazu ein frisch gebackenes Sauerteigbrot.

57

Die Kochzeit richtet sich nach der Größe der Kürbiswürfel. Wenn Sie zwischendurch immer wieder einmal probieren, können Sie es vermeiden, dass der Kürbis verkocht.

Reispfanne mit Kürbis und Schweinefilet

Zutaten

250 g Langkornreis · Gemüsebrühe · 400 g Schweinefilet · 2 Zwiebeln
2 EL Olivenöl · 400 g Kürbisfleisch (entkernt) · 2 EL Sojasauce · Salz
Pfeffer · geriebener Kurkuma (Gelbwurz) · Muskatnuss · 1 Bund Koriander

Zubereitung

1 Den Reis in der Gemüsebrühe kochen. Die Brühe abgießen, den Reis zur Seite stellen. **2** Das Schweinefilet in feine Streifen schneiden. Die Zwiebeln abziehen, halbieren, ebenfalls in feine Streifen schneiden. Beides in Olivenöl anbraten, das Fleisch portionsweise dazugeben. 5 Minuten scharf anbraten. **3** Das Kürbisfleisch in 2 Zentimeter große Würfel schneiden, zum Fleisch geben, Sojasauce dazugeben, bei mittlerer Hitze 10 Minuten andünsten, danach würzen. **4** Den Reis unterheben. **5** Koriander abbrausen, trockentupfen, abzupfen und darüber geben.

Lachsfilets mit Kürbiskruste

Zutaten

4 Lachssteaks (je etwa 150 g Gewicht) · Saft einer Zitrone · Salz · Pfeffer
1 kleine Zwiebel · 1 kleine Stange Lauch · 2 EL Olivenöl · 200 g Kürbisfleisch (entkernt) · 100 g Crème fraîche · 50 g geriebener Käse · Salz
Pfeffer · Zitronenpfeffer · eventuell heller Saucenbinder

Zubereitung

1 Die Lachssteaks waschen, trockentupfen, mit Zitronensaft einreiben, salzen und pfeffern. **2** Die Zwiebel abziehen und fein hacken. Den Lauch waschen, putzen, der Länge nach halbieren und fein in halbe Ringe schneiden. Beides in Olivenöl andünsten. **3** Das Kürbisfleisch auf dem Gemüsehobel grob raspeln, zum Lauch und der Zwiebel geben, 5 Minuten bei schwacher Hitze andünsten. **4** Die Pfanne vom Herd nehmen, würzen, Crème fraîche und Käseraspel unterrühren (bei zu flüssiger Masse mit Saucenbinder andicken). **5** Den Lachs auf ein mit Backpapier ausgelegtes Blech legen, die Kürbismasse dick auf die Lachsfilets streichen. **6** Im vorgeheizten Backofen bei 180 °C etwa 20 Minuten backen.

58

Mit der beim Lachsfilet angegebenen Kürbismasse können Sie auch Forellen füllen und diese in Alufolie im Ofen oder auf dem Grill braten.

Wussten Sie, wie ausgezeichnet die Kombination aus Fisch und Kürbis schmeckt? Probieren Sie!

Kürbissalate

Im Herbst, wenn die Kürbisse erntereif sind, dann ist auch anderes frisches Gemüse in Hülle und Fülle aus heimischen Gärten erhältlich. Die beste Zeit also, um einen großen, bunten Salat zuzubereiten! Denken Sie bei Salaten nicht nur an das Kürbisfleisch, sondern auch an das aromatische Kürbiskernöl und an geröstete Kürbiskerne.

59

Vor allem zarte, junge Sommerkürbisse eignen sich für Salate. Reifere Kürbisse dagegen sollten für Salate geschält und – wenn das Fleisch schon sehr fest ist – kurz blanchiert werden.

Kürbissalat mit Joghurt-Honig-Dressing

Zutaten

500 g Kürbisfleisch (entkernt) · 200 g Joghurt · 2 EL Zitronensaft
2 EL Honig · 1 EL Weißweinessig · 1 EL Ketchup · Salz · Pfeffer

Zubereitung

1 Das Kürbisfleisch auf dem Gemüsehobel grob raspeln. **2** Aus dem Joghurt und den anderen Zutaten ein Dressing anrühren, über die Kürbisraspel geben und vor dem Servieren 10 Minuten ziehen lassen.

Dieses Dressing eignet sich auch für eine Rohkostplatte mit gehobelten Möhren, Kohlrabi und Salatgurke.

Gesund und schmackhaft zugleich sind die Zutaten für Kürbissalat mit frischem Joghurt-Honig-Dressing.

Klassischer Rohkostsalat mit Kürbis

Zutaten

300 g Kürbisfleisch (entkernt) · 300 g Möhren · 300 g Äpfel · 100 g Joghurt
Zitronensaft · Salz · Pfeffer · 30 g Walnüsse

Zubereitung

1 Das Kürbisfleisch auf dem Gemüsehobel grob raspeln. Die Äpfel und Möhren waschen, trockentupfen und ebenfalls raspeln. Alles miteinander in einer Schüssel mischen. **2** Den Joghurt und den Zitronensaft glatt rühren, salzen und pfeffern. Die Joghurtsauce über die Rohkostraspel geben, gut durchmengen. **3** Die Walnüsse hacken und über den angerichteten Salat streuen.

Kürbisfleisch für Rohkostsalate sollten Sie immer auf dem Gemüsehobel raspeln, sonst kann es zäh schmecken.

Kartoffelsalat mit Kürbiswürfeln

Zutaten

1 kg Salatkartoffeln · 1 Zwiebel · 1 EL Olivenöl · 500 g Kürbisfleisch (entkernt) · 1/8 l Gemüsebrühe · Salz · Pfeffer · 5 EL Weißweinessig
1 Bund Petersilie

Zubereitung

1 Die Kartoffeln waschen, mit der Schale gar dämpfen, noch heiß pellen und in Scheiben schneiden. **2** Die Zwiebel abziehen und in Olivenöl andünsten. **3** Das Kürbisfleisch in Würfelchen schneiden, zu den Zwiebeln geben, 5 Minuten andünsten. **4** Mit Gemüsebrühe ablöschen, salzen und pfeffern, abkühlen lassen. **5** Den Weißweinessig dazugeben, alles zu den Kartoffelscheiben geben und vorsichtig vermischen. **6** Die Petersilie waschen, trockentupfen und fein hacken. Über den fertigen Salat geben.

Dieser Kartoffelsalat mit Kürbiswürfeln ist eine besonders fettarme Variante des herkömmlichen Kartoffelsalats, bei dem statt Öl oder Mayonnaise fettfreie Gemüsebrühe verwendet wird.

60

Gerade für Salatsaucen eignet sich auch das aromatische Kürbiskernöl, das Sie im Reformhaus oder Spezialitätengeschäft erhalten. Leider lohnt es sich nicht, es selbst zu gewinnen.

Kürbissalat mit Gartenkräutern

Zutaten

700 g Kürbisfleisch (entkernt) · 150 g Joghurt · 4 EL Sahne · 2 EL Zitronensaft · Salz · Pfeffer · je 1/2 Bund Schnittlauch, Dill, Petersilie

Zubereitung

1 Das Kürbisfleisch auf dem Gemüsehobel grob raspeln. **2** Den Joghurt mit der Sahne und dem Zitronensaft glatt rühren, salzen und pfeffern. **3** Die Kräuter waschen, trockentupfen und fein hacken. Unter die Joghurtsauce geben. **4** Die Kräutersauce über die Kürbisraspel geben und den Salat vor dem Servieren etwa 10 Minuten durchziehen lassen.

61

Ein Rohkostsalat mit Kürbis entwässert den Organismus, liefert Vitamine und zusammen mit der Kräutersauce auch eine Menge Mineralstoffe. Legen Sie ruhig ab und zu einen gesundheitsfördernden Kürbistag ein.

Feldsalat mit Kürbiskernen

Zutaten

300 g Feldsalat (etwa 100 g pro Person) · 100 g Speck (geschnitten) 30 g Kürbiskerne · 1 Zwiebel · Salz · Pfeffer · 1 EL Weißweinessig 2 EL Kürbiskernöl

Zubereitung

1 Den Feldsalat gründlich putzen, abbrausen, trockentupfen und in eine Schüssel geben. **2** Den Speck in feine Streifen schneiden, in eine Pfanne geben und knusprig anbraten. **3** Die Kürbiskerne dazugeben und mit anrösten. **4** Die Zwiebel abziehen, fein hacken, zu dem Speck und den Kernen in die Pfanne geben, 5 Minuten andünsten, am Ende sparsam salzen, pfeffern. Etwas abkühlen lassen. **5** Den Salat mit dem Weißweinessig und dem Kürbiskernöl beträufeln, dann vermischen. **6** Das Zwiebel-Speck-Gemisch dazugeben und unterheben. Nur ganz sparsam würzen, damit die verschiedenen Zutaten ihren Eigengeschmack bewahren.

In Süddeutschland isst man diesen kräftigen Salat gerne zu Kartoffelsalat und Schweinebraten – er ist jedoch auch als kleine Zwischenmahlzeit geeignet.

Der Konfettisalat ist eine Augenweide. Servieren Sie ihn doch einmal, wenn Sie Gäste eingeladen haben.

Konfettisalat mit Kürbis

Zutaten

300 g Kürbis (entkernt) · 1 rote Zwiebel · 1 Kohlrabi · 1 Bund Radieschen
2 Möhren · 1 Salatgurke · 1 rote Paprika · 1 kleine Dose Mais · 1 Bund Schnittlauch · 4–6 EL Sonnenblumenöl · 3 EL Weißweinessig · 1 EL Senf
Salz · Pfeffer

Zubereitung

1 Das Kürbisfleisch in 1 Zentimeter große Würfel schneiden. Die Zwiebel abziehen und fein hacken. Kohlrabi, Radieschen, Möhren, Salatgurke und Paprika waschen, putzen und ebenfalls in Würfel schneiden. **2** Den Schnittlauch waschen, abtropfen lassen und in Röllchen schneiden. Alles zusammen mit dem Mais in einer großen Schüssel vermischen. **3** Aus dem Essig, Öl, Senf und den Gewürzen eine Vinaigrette zubereiten. **4** Über den Salat geben, gut durchmischen und vor dem Servieren 30 Minuten durchziehen lassen.

Sie können diesen farbenfrohen Salat auch in einem ausgehöhlten Riesenkürbis servieren. Er ist ein idealer Partysalat!

62

Dank seines hohen Wasseranteils kann Kürbisfleisch nicht nur ein ideales Lebensmittel während einer Diät sein, sondern in einem Rohkostsalat auch durstlöschend wirken, besonders an heißen Tagen.

Kürbisbeilagen

63

Bereiten Sie das Kürbiskraut einmal für Ihre Gäste zu. Sie werden erleben, wie Ihre Gäste begeistert sind und von den guten alten Zeiten zu schwärmen beginnen!

Keine Angst, auch als Beilage lässt sich der Kürbis keineswegs in eine Nebenrolle drängen, denn die Beilagen sind mindestens genauso reizvoll wie die Kürbishauptgerichte!

Kürbiskraut

Zutaten

1 Zwiebel · 100 g magerer Speck · 1 EL Sonnenblumenöl · 1 kg Kürbisfleisch (entkernt) · Salz · Pfeffer · geriebene Muskatnuss

Zubereitung

1 Die Zwiebel abziehen und fein hacken. Den Speck in feine Würfel schneiden. Beides zusammen in Öl andünsten. **2** Das Kürbisfleisch auf dem Gemüsehobel fein raspeln. **3** Zu dem Speck und der Zwiebel geben und etwa 5 Minuten bei mittlerer Hitze mit andünsten, danach mit Salz, Pfeffer und geriebener Muskatnuss abschmecken.

Diese Beilage lässt sich wie Sauerkraut ausgezeichnet zu deftigen Bratengerichten, zu Kasseler oder zu Kartoffelbrei und Bratwürstchen servieren.

64

Gerade bei Kürbisbeilagen sollten Sie eher sparsam würzen, damit der Eigengeschmack des Kürbisfleisches erhalten bleibt.

Kürbis-Tomaten-Mix

Zutaten

1 Zwiebel · 2 Knoblauchzehen · 2 EL Olivenöl · 500 g Kürbisfleisch (entkernt) · 1 Dose Tomaten · Salz · Pfeffer · Oregano

Zubereitung

1 Zwiebel und Knoblauchzehen abziehen, fein hacken und in Olivenöl andünsten. **2** Das Kürbisfleisch würfeln, zu den Zwiebeln geben und unter Rühren andünsten. **3** Die Tomaten samt Saft dazugeben und würzen. Alles bei mittlerer Hitze etwa 10 Minuten garen.

Diese sehr italienische Beilage schmeckt besonders gut zu gegrilltem Fisch und Fleisch.

Je nach Geschmack können Sie zu dem sahnigen Kürbisgemüse auch noch Fisch oder Geflügel servieren.

Kürbis-Kartoffel-Brei

Zutaten

500 g Kartoffeln · 500 g Kürbisfleisch (entkernt) · 1/4 l Milch · 4 EL Butter
Salz · Pfeffer · geriebene Muskatnuss

Zubereitung

1 Die Kartoffeln waschen, schälen, vierteln, in Salzwasser garen und abgießen. **2** Das Kürbisfleisch in Würfel schneiden, ebenfalls in Salzwasser garen und abgießen. **3** Kartoffeln und Kürbis in einen Topf geben, Milch und Butter hinzufügen, mit einem Kartoffelstampfer nach Belieben grob oder fein zerstampfen, würzig abschmecken.

65

Bleibt vom sahnigen Kürbisgemüse ein Restchen übrig, geben Sie einfach etwas Gemüsebrühe dazu und pürieren alles mit dem Pürierstab – schon erhalten Sie eine cremige Suppe als Vorspeise für den nächsten Tag.

Sahniges Kürbisgemüse

Zutaten

1 große Zwiebel · 2 EL Sonnenblumenöl · 700 g Kürbisfleisch (entkernt)
einige EL Gemüsebrühe · 100 g Sahne · Salz · Pfeffer · Paprika · Kümmel

Zubereitung

1 Die Zwiebel abziehen, fein hacken und in Öl andünsten. **2** Das Kürbisfleisch in Würfel schneiden, zu der Zwiebel geben und unter Rühren kurz andünsten. **3** Mit der Gemüsebrühe ablöschen und bei mittlerer Hitze etwa 10 Minuten garen. **4** Die Sahne dazugeben, zum Kochen bringen und bei geringer Hitze 5 Minuten reduzieren lassen, danach würzen.

Dips, Saucen, Chutneys

Lange, bevor der Kürbis in vielfältigster Form als »exotische« Köstlichkeit in die Küchen Einzug gehalten hat, wurde er als süßsaure und mehr oder weniger beliebte Beilage präsentiert. Auch ich stelle Ihnen nun einige Rezepte dieser Art vor, und ich kann Ihnen versprechen, dass diese kleinen Leckereien ganz groß ankommen!
Servieren Sie die Kürbissaucen, Kürbisremouladen und Kürbischutneys zu gegrilltem Fleisch oder Fisch oder auch als Dip für rohe Gemüsestifte.

66

Mit der Kürbisremoulade lassen sich auch sehr gut Tomaten oder Riesenchampignons füllen. Ebenso gut können Sie mit dieser Salatcreme Weißbrotscheiben bestreichen.

Kürbisremoulade

Zutaten

200 g fettarme Salatcreme · 100 g Magerjoghurt · 2 EL Senf
2 EL Weißweinessig · Salz · Pfeffer · Paprika · 500 g Kürbisfleisch (entkernt) · 200 g Zucchini · 1 große Möhre · 1/2 Bund Schnittlauch

Zubereitung

1 Die Salatcreme mit Joghurt, Senf und Weißweinessig cremig rühren und mit Salz, Pfeffer und Paprika würzig abschmecken. **2** Das Kürbisfleisch auf dem Gemüsehobel fein raspeln. Zucchini und Möhre waschen, trockentupfen und ebenfalls fein raspeln. Unter die Salatcreme rühren. **3** Den Schnittlauch waschen, trockentupfen und in feine Röllchen schneiden. Vor dem Servieren über die Kürbisremoulade streuen.

Eingelegter Käse in Kürbiskernöl

Zutaten

Für 1 Glas oder 2 Portionen:
150 g Käse nach Wahl (z. B. Camembert, Schafskäse, Mozzarella)
150 ml Kürbiskernöl

Zubereitung

1 Den Käse in möglichst formschöne, mundgerechte Stücke schneiden und in ein dekoratives Glas mit gut verschließbarem Schraubdeckel füllen. **2** Den Käse mit dem Kürbiskernöl begießen, so dass er vollständig damit bedeckt ist. Vor dem Verzehr mindestens 2 Tage im Kühlschrank durchziehen lassen, danach 1 Stunde bei Raumtemperatur stehen lassen.

67

Bevor Sie den eingelegten Käse servieren, bestreuen Sie ihn mit frisch gehackten Kräutern (Petersilie, Schnittlauch, Dill, Basilikum ...) und einigen Kürbiskernen.

Scharfe Kürbissauce

Zutaten

1 große Zwiebel · 2 Knoblauchzehen · 2 EL Olivenöl · 1 große Dose Tomaten · 300 g Kürbisfleisch (entkernt) · Salz · Pfeffer · Cayennepfeffer

Zubereitung

1 Zwiebel und Knoblauchzehen abziehen, fein hacken und in Olivenöl andünsten. **2** Das Kürbisfleisch in kleine Würfel schneiden, mit den Tomaten zusammen zu den Zwiebeln geben und würzen. Bei mittlerer Hitze etwa 20 Minuten kochen lassen.

Mit dieser Kürbissauce haben Sie eine ungewöhnliche, fettarme und scharfe Pastasauce! Kalt serviert schmeckt sie auch sehr gut zu gegrilltem Fisch oder Fleisch.

Senfkürbis mit Kurkuma

Zutaten

1 kg Kürbisfleisch (entkernt) · 1 kg Gelierzucker · 2 EL Senfkörner
1 TL Kurkuma · Saft von 1 Zitrone · 3 EL Balsamicoessig

68

Beachten Sie beim Einmachen die richtige Einkochzeit, denn kurze Garzeiten gewährleisten, dass das Kürbisfleisch knackig bleibt.

Zubereitung

1 Das Kürbisfleisch in 1 Zentimeter große Würfel schneiden. Mit dem Gelierzucker mischen, über Nacht zugedeckt stehen lassen. **2** Mit den anderen Zutaten in einen Topf geben, aufkochen lassen, unter Rühren 5 Minuten kochen lassen. **3** Sofort in saubere Gläser oder Twist-off-Gläser abfüllen und luftdicht verschließen.

Kürbischutney mit Orangen

Zutaten

750 g Kürbisfleisch (entkernt) · 250 g Orangenfleisch (etwa 3 Orangen) 300 g brauner Zucker · 8 EL Weißweinessig · 1 Lorbeerblatt · 1 EL frisch geriebene Ingwerwurzel · je 1 kräftige Prise Muskatnuss, Zimt, Salz, Cayennepfeffer

Zubereitung

1 Das Kürbisfleisch und Orangenfleisch fein würfeln. **2** Mit dem braunen Zucker und den Gewürzen in einen Topf geben und zum Kochen bringen. Unter Rühren bei mittlerer Hitze etwa 35 Minuten kochen lassen. **3** Sofort in saubere Gläser abfüllen und verschließen.

Selbst zubereitetes Kürbischutney mit Orangen schmeckt unvergleichlich gut und ist das ganze Jahr über eine feine Beilage.

Kürbischutney mit Äpfeln

Zutaten

2 Zwiebeln · 1 EL Sonnenblumenöl · 500 g Kürbisfleisch (entkernt) · 500 g Äpfel (entkernt) · 150 g Zucker · Saft von 1 Zitrone · 5 EL Balsamicoessig · je 1 kräftige Prise Salz, Cayennepfeffer, Zimt, Koriander, Ingwer

Zubereitung

1 Die Zwiebel abziehen, fein hacken und in Öl andünsten. **2** Das Kürbisfleisch und die entkernten Äpfel in kleine Würfel schneiden. Mit den Gewürzen zu den Zwiebeln geben, unter Rühren zum Kochen bringen. Bei mittlerer Hitze etwa 20 Minuten kochen lassen. **3** Sofort in saubere Gläser abfüllen und luftdicht verschließen.

69

Verwenden Sie für Chutneys und Saucen möglichst kleine Gläser: Erstens wird eine solche Köstlichkeit nicht topfweise verzehrt, und zweitens haben Sie auf diese Weise die Möglichkeit, mehrere verschiedene Saucen zu einem Gericht zu servieren.

Marmeladen und Desserts

Als stilgerechter Abschluss eines Kürbismenüs, als süße Leckerei zwischendurch oder als Höhepunkt der Kaffeetafel: Der Kürbis vermag auch in der Rolle des süßen Verführers zu glänzen.

Dreierlei-Konfitüre mit Kürbis

Zutaten

400 g Kürbis (entkernt) · 200 g Pfirsichfleisch (entkernt) · 200 g Aprikosenfleisch (entkernt) · 1 kg Gelierzucker · Saft von 1 Zitrone 1 Zimtstange (nach Belieben)

Zubereitung

1 Das Kürbisfleisch, die gewaschenen Pfirsich- und Aprikosenhälften in kleine Würfel schneiden, mit dem Zitronensaft und dem Gelierzucker in einem Topf gut vermischen. **2** Alles zum Kochen bringen, bei hoher Hitze unter ständigem Rühren 5 Minuten kochen lassen. **3** Sofort in saubere Gläser füllen und verschließen.

Kürbismarmelade mit Grappa

Zutaten

500 g Kürbisfleisch (entkernt) · 500 g Gelierzucker · 2 Zitronen
2 cl Grappa

Zubereitung

1 Das Kürbisfleisch fein würfeln und mit dem Gelierzucker in einen Topf geben. **2** Die Zitronen auspressen und den Saft dazugeben. Unter Rühren aufkochen und danach mindestens 7 Minuten bei geringer Hitze kochen lassen. **3** Den Grappa unterrühren, die Marmelade sofort in Twist-off-Gläser füllen und verschließen.

Bei Kürbismarmelade jeder Art empfiehlt sich eine etwas längere Kochdauer, da die Marmelade sonst leicht zu dünn gerät.

70

Besonders hübsch sieht es aus, wenn Sie für den Obstsalat aus dem Kürbisfleisch mit dem Kugelausstecher kleine Kugeln formen.

Kürbisobstsalat

Zutaten

300 g Kürbisfleisch (entkernt) · 200 g blaue Trauben · 2 Äpfel · 1 Orange
Saft von 1 Zitrone · 2 EL Honig · 1 TL Vanillezucker · 30 g Walnüsse (gehackt)

Zubereitung

1 Das Kürbisfleisch würfeln. Die Trauben waschen und abtropfen lassen. Die Äpfel waschen, entkernen und in Scheiben schneiden. Die Orange schälen und filetieren. Alles in einer Schale vermengen. **2** Den Zitronensaft mit Honig und Vanillezucker verrühren. Über den Obstsalat geben und gut vermischen. **3** Etwa 30 Minuten durchziehen lassen, vor dem Servieren mit Walnüssen bestreuen.

Sahnige Kürbiscreme mit Äpfeln

Zutaten

500 g Kürbisfleisch (entkernt) · 500 g Äpfel (entkernt) · 100 g brauner Zucker · 1 TL Zimt · 2 EL Apfel- oder Orangensaft · 200 g Sahne

Zubereitung

1 Das Kürbisfleisch und die Äpfel in kleine Würfel schneiden. Mit Zucker, Zimt und Apfel- oder Orangensaft in einen Topf geben und aufkochen lassen. Unter Rühren bei mittlerer Hitze 10 Minuten kochen lassen. **2** Pürieren und kalt stellen. **3** Sahne steif schlagen. Im Wechsel Kürbiscreme und Sahne in Dessertschalen füllen und wie beim Marmorkuchen mit einer Gabel unterziehen.

71

Für die karamellisierten Kürbisscheibchen wählen Sie am besten eine Kürbissorte mit kräftig orangefarbenem Fruchtfleisch wie beispielsweise den Roten Zentner, dann sieht das Dessert besonders ansprechend aus.

Karamellisierte Kürbisscheibchen

Zutaten

600 g Kürbisfleisch · 3 Orangen · 30 g Butter · 2 EL Honig · 1/8 l Orangensaft · je 1 TL Zimt und Vanillezucker · eventuell Vanilleeis

Zubereitung

1 Das Kürbisfleisch in Scheiben schneiden, die Orangen schälen und filetieren. **2** Beides in Butter andünsten, den Honig dazugeben und rühren, bis dieser karamellisiert. **3** Mit dem Orangensaft ablöschen, dann würzen. Bei geringer Hitze etwa 5 Minuten kochen lassen. **4** Nach Belieben mit Vanilleeis servieren.

Im Sommer und Winter ein gelungenes Dessert für Groß und Klein – die karamellisierten Kürbisscheibchen.

Kürbiseis

Zutaten

2 Eier · 100 g Honig · 150 g Kürbismus (siehe Seite 23) · 1 EL Vanillezucker · 1 TL Zimt · 250 g Sahne · 2 EL Honig · 50 g Kürbiskerne

Zubereitung

1 Die Eier mit dem Honig über Wasserdampf schaumig schlagen, unter Rühren kalt werden lassen. **2** Das Kürbismus mit Zucker und Zimt darunter rühren. **3** Die Sahne steif schlagen und unterheben. **4** Eine Kastenform mit Alufolie ausschlagen und die Masse einfüllen. Für einige Stunden tiefkühlen. **5** Kurz vor dem Servieren den Honig in einer Pfanne flüssig werden lassen, die Kürbiskerne dazugeben und kurz karamellisieren. **6** Das Eis in Scheiben schneiden und mit den Kürbiskernen bestreuen.

Lassen Sie das Kürbiseis vor dem Servieren etwa 10 Minuten antauen, dann schmeckt es viel cremiger und lässt sich außerdem besser schneiden oder zerteilen.

72

Werden wie hier in einem Rezept Kürbiskerne verlangt, so empfiehlt es sich, getrocknete Kerne im Reformhaus zu kaufen. Damit sie nämlich wirklich schmackhaft sind, müssen sie völlig ausgereift sein, dann ist das Fruchtfleisch jedoch schon überreif und zum Kochen ungeeignet.

Kürbiskompott

Zutaten

500 g Kürbisfleisch (entkernt) · 100 g brauner Zucker · 1/4 l Weißwein 100 ml Wasser · einige EL Orangenlikör

Zubereitung

1 Das Kürbisfleisch in Würfel schneiden. **2** Den Zucker in einen Topf geben, flüssig werden lassen, die Kürbiswürfel dazugeben und kurz karamellisieren. **3** Mit Weißwein und Wasser ablöschen, den Orangenlikör dazugeben und bei schwacher Hitze 5 Minuten kochen, dann abkühlen lassen.

Servieren Sie das Kürbiskompott mit Pudding, Griesbrei oder Reisauflauf. Möchten Sie eine alkoholfreie Variante des Kompotts, so können Sie den Weißwein durch Apfelsaft ersetzen und den Likör weglassen und stattdessen mit etwas Zimtpulver aromatisieren.

Kürbisgebäck

Dass Kürbisfleisch wie Obst beim Backen verwendet werden kann, können Sie an zwei Rezeptbeispielen ausprobieren: beim Kürbis-Nuss-Kuchen und bei der französischen Kürbistarte. Doch Kürbisfleisch kann noch viel mehr: Das bereits erwähnte Kürbismus (siehe Seite 23) kann nämlich sogar das Fett in vielen Kuchenteigen ersetzen! Statt 100 Gramm Butter oder Margarine wird also 100 Gramm Kürbismus verwendet und auf diese Weise der Fettgehalt in Richtung null reduziert! Als Beispiel dafür soll das von mir heiß geliebte Rezept für ein Honigbrot stehen, das wir besonders zur Weihnachtszeit als Alternative zum klassischen Früchtebrot schätzen.
Möchten Sie also in Zukunft ohne »schlechtes Gewissen« bei nachmittäglichen Kaffee- und Kuchentafeln zugreifen und schlemmen, dann empfehle ich Ihnen, Ihre eigenen Kuchenrezepte einmal mit Kürbismus zu »entfetten«.

73

Kürbiskuchen – ohne Fett gebacken – ist ein Genuss, der sogar während einer Reduktionsdiät erlaubt ist!

Honigbrot mit Kürbis und Aprikosen

Zutaten

200 g getrocknete Aprikosen · 250 g Honig · 250 ml fettarme Milch
750 g Mehl · 1 Päckchen Backpulver · 1 TL Zimt · je 1 Prise geriebene Muskatnuss, Nelken, Ingwer · 300 g Kürbismus (siehe Seite 23)

Zubereitung

1 Die Aprikosen klein schneiden und in etwas warmem Wasser einweichen. **2** Den Honig und die Milch erwärmen, bis sich der Honig aufgelöst hat. **3** Mehl, Backpulver, Gewürze und das Kürbismus in einer Schüssel gut vermischen. Die Aprikosenwürfel darunter mengen und so viel Honigmilch dazugeben, bis eine geschmeidige Masse entsteht. **4** Den Teig in eine gefettete Kastenform (25 Zentimeter Länge) geben und im vorgeheizten Backofen bei 180 °C etwa 80 Minuten backen. **5** Danach die Stäbchenprobe machen, um den richtigen Zeitpunkt fürs Herausnehmen des Honigbrotes nicht zu verpassen!

Herzhafte Kürbiskernkekse

Zutaten

250 g Mehl · 150 g Kürbiskerne · 250 g Magerquark · 100 g Butter
1 TL Salz · Pfeffer · Kümmel · 1 Ei

Zubereitung

1 Die Kürbiskerne reiben, mit dem Mehl vermischen. **2** Die Gewürze, den Quark und die kalte, in Stücke geschnittene Butter dazugeben. Einen Mürbteig kneten und 1 Stunde kalt stellen. **3** Den Teig 1/2 Zentimeter dick ausrollen. Mit einem Teigrad in 2 mal 2 Zentimeter große Rauten schneiden oder mit einer Keksform kleine Kekse ausstechen. **4** Das Ei verquirlen. Die Kekse damit bestreichen, wahlweise mit Kümmel bestreuen. **5** Im vorgeheizten Backofen auf einem mit Backpapier belegten Blech bei 180 °C 20 Minuten backen.

74

Kürbiskernkekse oder Kürbiskernsplitter, in kleine Zellophanbeutel abgepackt und mit einer bunten Schleife zugebunden, ergeben in der Vorweihnachtszeit ein hübsches Mitbringsel. Vergessen Sie nicht, gleich das Rezept dazuzulegen!

Kürbiskernsplitter

Zutaten

200 g Kürbiskerne · 1 TL Butter · 200 g Schokolade (nach Belieben Vollmilch- oder Zartbitterschokolade)

Zubereitung

1 Die Kürbiskerne grob hacken und in der Butter unter Rühren anrösten. **2** Die Schokolade im Wasserbad schmelzen, die Kürbiskerne dazugeben. **3** Mit zwei Löffeln kleine Häufchen auf ein mit Backpapier ausgelegtes Backblech legen und trocknen lassen.

Französische Kürbistarte

Zutaten

***Füllung:** 1 kg Kürbisfleisch (entkernt) · 200 ml Weißwein · je 1 TL geriebener Ingwer und Zimt · 3 Eier · 140 g Zucker · 120 g Sahne*
***Teig:** 400 g Zwieback · 100 g Zucker · 150 g zerlassene Butter · einige Löffel Magerquark · Fett für die Kuchenform*

Zubereitung

1 Das Kürbisfleisch in Würfel schneiden, mit dem Wein und den Gewürzen in einen Topf geben, erhitzen und bei mittlerer Hitze 10 Minuten kochen lassen. **2** Abkühlen lassen und mit einer Gabel zerdrücken, dabei jedoch auch noch größere Stücke lassen. **3** Für den Teig den Zwieback in einen Gefrierbeutel geben und mit dem Wellholz darüber fahren, bis alles fein zerkleinert ist. **4** Mit dem Zucker, der zerlassenen Butter und so viel Magerquark mischen, bis eine glatte Masse entsteht. **5** Den Teig in eine gefettete Tarteform (Durchmesser 24 Zentimeter) drücken und 10 Minuten im vorgeheizten Ofen bei 200 °C vorbacken. Kuchenboden herausnehmen und Ofen auf 160 °C zurückdrehen. **6** Die Eier mit dem Zucker und der Sahne schaumig rühren, das kalte Kürbispüree dazugeben und gut vermengen. Auf den Kuchenboden geben und in 50 bis 60 Minuten fertig backen.

Die Französische Kürbistarte sollten Sie ganz frisch servieren, da ihr Boden meist sehr schnell durchweicht.

Kürbis-Nuss-Kuchen

Zutaten

3 Eier · 150 g Honig · 3 EL Rum · je 1 TL Zimt und Vanillezucker
300 g Kürbisfleisch (entkernt) · 150 g gemahlene Haselnüsse · 200 g Mehl
1/2 Päckchen Backpulver · Puderzucker

Zubereitung

1 Die Eier trennen. Die Eigelbe mit dem Honig, dem Rum und den Gewürzen schaumig schlagen. **2** Das Kürbisfleisch raspeln und mit den Haselnüssen mischen. **3** Das Mehl mit dem Backpulver mischen und zu dem Kürbis-Nuss-Gemisch dazugeben. Die Eiermasse darunter rühren. **4** Das Eiweiß zu sehr steifem Schnee schlagen und unter die Kürbismasse heben. **5** In eine gefettete Kastenform füllen (25 Zentimeter Länge) und im vorgeheizten Backofen bei 180 °C etwa 60 Minuten backen. **6** Auskühlen lassen, aus der Form nehmen und mit Puderzucker bestäuben.

75

Für den Kürbis-Nuss-Kuchen können Sie natürlich statt der Haselnüsse auch gemahlene Mandeln verwenden oder eine Mischung aus beiden.

Sehr gut schmecken die Kürbiswaffeln auch mit heißen gemischten Beeren.

76

Statt ins Waffeleisen können Sie den Teig auch in eine heiße, gefettete Pfanne geben und kleine Kürbisküchlein ausbacken.

Kürbiswaffeln

Zutaten

4 Eier · 100 g Butter · 3 EL Zucker · 1 EL Vanillezucker · 1 Prise Salz
100 g Sahne · 100 ml Mineralwasser mit Kohlensäure · 250 g Mehl
250 g Kürbisfleisch (entkernt) · Puderzucker

Zubereitung

1 Die Eier mit der Butter, dem Zucker und der Prise Salz schaumig rühren. Sahne und Mineralwasser dazugeben, nochmals schaumig rühren. **2** Das Mehl darüber sieben und alles zu einem geschmeidigen Teig verrühren. (Sollte er zu dünn sein, noch einige Löffel Mehl dazugeben.) **3** Das Kürbisfleisch auf einem Gemüsehobel grob raspeln, die Kürbisraspel in ein Mulltuch geben und überschüssigen Saft ausdrücken. Unter den Teig rühren. **4** Je 2 EL Teig in ein gefettetes Waffeleisen geben und ausbacken. Mit Puderzucker bestreut servieren.

Servieren Sie die frischen Kürbiswaffeln zusammen mit den karamellisierten Kürbisscheibchen, denn sie passen ganz besonders gut zusammen.

Kürbisgetränke

Wann immer Sie frisches Kürbisfruchtfleisch zur Verfügung haben, sollten Sie es nicht versäumen, auch einmal einen Kürbisobstsaft oder eine Kürbisbowle zuzubereiten. Gerade der Obstsaft mit seiner belebenden Wirkung auf den ganzen Organismus ist allgemein auch bei Kindern sehr beliebt.

Kürbisobstsaft

Zutaten

Für 1/2 l Saft: 300 g Kürbisfleisch (z. B. Muscade de Provence oder Butternut) · 2 Äpfel · 2 Möhren

Zubereitung

1 Das Kürbisfleisch in Stücke schneiden. **2** Äpfel und Möhren waschen, ebenfalls in Stücke schneiden und mit dem Kürbisfleisch in den Entsafter geben und auspressen.

Kürbisbowle

Zutaten

400 g Kürbisfleisch (entkernt) · 1/2 Zitrone (in Scheiben)
1 EL Zucker · 2 Flaschen Weißwein · 2 Flaschen Sekt

Zubereitung

1 Aus dem Kürbisfleisch mit einem Kugelausstecher kleine Kugeln auslösen und in ein Bowlegefäß geben. **2** Die Hälfte der Zitronenscheiben darauf geben und mit Zucker bestreuen. **3** Eine Flasche Wein dazugeben und 3 bis 4 Stunden kühl stellen. **4** Danach den restlichen Wein angießen, mit Sekt auffüllen und vor dem Servieren die restlichen Zitronenscheiben hinzufügen.

Für eine nicht alkoholische Kinderbowle geben Sie statt Wein Apfel- oder Orangensaft dazu und ersetzen den Sekt durch Zitronenlimonade oder Mineralwasser.

77 **Stöbern Sie auch einmal in ausländischen Kochbüchern nach Kürbisrezepten. Da diese Frucht auf der ganzen Welt verbreitet ist, gibt es auch überall interessante Rezepte für die Zubereitung.**

Seit altersher bekannt: der Kürbis in der Schönheitspflege und Naturheilkunde.

Fit und schön mit Kürbis

Obwohl der gesundheitliche Nutzen vom Fruchtfleisch, von den Kernen und dem Kernöl des Kürbisses wissenschaftlich nachgewiesen ist, stehen die Ernährungsforscher hier erst am Anfang einer großen Entdeckungsreise. Denn weltweit ist es noch keinem Labor gelungen, das einzigartige Zusammenspiel von Vitalstoffen wie Vitaminen und Mineralien und den für ihre Verwertung im menschlichen Körper benötigten Enzymen nachzubauen! Auch die noch sinnvollere Nutzung der kürbiseigenen Vitalstoffe bei vielen Beschwerden und Krankheiten, vor allem jedoch bei deren Vorbeugung, bietet uns allen noch ungenutzte Chancen.

Glücklicherweise ist hier ein erfreulicher Prozess längst im Gange: Dass Obst und Gemüse Fitmacher erster Klasse sind, ist unbestritten. Gemüse ist nicht mehr nur die unliebsame Tellerbeilage neben dem geliebten Stück Braten oder Wiener Schnitzel. Gemüsesorten wie Kürbis, Karotte oder Kartoffel haben sich als vollwertige Nahrungsmittel durchgesetzt. Und nach wie vor wird täglich auf diesem Gebiet zum Wohle der alllgemeinen Gesundheit geforscht.

78

In der »Dritten Welt« sind Kürbissamen nach wie vor ein viel benutztes und bewährtes Hausmittel, denn sie sind günstig und überall erhältlich. Sie helfen z. B. bei Blasenschwäche, Prostatabeschwerden und sorgen für gute Konzentrationsfähigkeit.

Der Kürbis in der Naturheilkunde

Schon von jeher hat der Kürbis in der Naturmedizin seine Bedeutung als Heilpflanze. Vor allem bei den amerikanischen Indianern wurde und wird er als Hausmittel für viele Fälle eingesetzt, wobei jedes Volk seine eigenen Anwendungen hat. Einige davon lauten: Das Fruchtfleisch wird bei Brandwunden aufgelegt und soll Kühlung und Linderung bringen. Der Saft von feuchtigkeitshaltigen Arten wird getrunken und soll abführend und harntreibend wirken. Ein Tee aus Kürbisblättern soll bei Blasenschmerzen helfen. Der Verzehr von

Kürbiskernen wirkt wurmwidrig und soll bei Befall von Band- und Spulwürmern Abhilfe schaffen. Kürbissamen werden auch bei Rheumaschmerzen gekaut.

Der Kürbis – ein altbewährtes Heilmittel

Nicht nur in Amerika wusste man schon früh etwas über die heilenden Kräfte des Kürbisses. Schlagen Sie bei der weisen Heilerin des Mittelalters, Hildegard von Bingen, nach, und Sie finden den Hinweis, vor dem Schlafengehen Kürbiskerne zu kauen, weil dies den Schließmuskel der Blase reguliere! Auch als Abführmittel bei Wurmbefall wurden Kürbiskerne im Mittelalter bei uns verwendet. Allerdings geschah dies zuweilen in Verbindung mit Rhizinusöl oder bitteren Pflanzensäften, so dass der Patient nach seiner Entwurmung oft schwächer war als zuvor!
Während die amerikanischen Indianer und zum Teil auch unsere Vorfahren alle Teile des Kürbisses für ihre Hausmedizin genutzt haben, sind für unsere heutige Hausapotheke in erster Linie die Kürbiskerne und das Kürbiskernöl von Bedeutung, seltener der Saft und das Fruchtfleisch. Wenn Sie nun im Folgenden sehen, welche wertvollen Inhaltsstoffe der Kürbis in sich birgt, vermögen Sie zu ahnen, welche Wirksamkeit er als Hausmittel zu bieten hat.

79

Bitte beachten Sie, dass Hausmittel nur dann für den Hausgebrauch einzusetzen sind, wenn tiefer liegende Störungen auszuschließen sind! Sie ersetzen niemals den Arzt und sollten am besten in Absprache mit diesem verwendet werden.

Inhaltsstoffe

Stellt sich bei Ei und Huhn die Frage: »Wer war zuerst da?«, so lautet beim Kürbis die Frage: »Was hat die meisten Nährstoffe: die Kürbiskerne oder das Kürbisfleisch?« Wie Ei und Huhn, so sind auch die Kerne nur mit dem ganzen Kürbis erhältlich. Während die Kürbiskerne vor allem durch ihre wertvollen ungesättigten Fettsäuren glänzen, so weist das Fruchtfleisch eine Menge an Vitaminen und Mineralstoffen auf. Beides zusammen ergibt eine unschlagbare Kombination vitaler Gesundheitsstoffe für unseren Organismus, deren genaue Wirkungen jedoch noch lange nicht endgültig erforscht sind.

Kürbis als diätetisches Lebensmittel

80 Hausmittel, die dem Menschen in vielfältiger Weise gut tun, können ebenso für Tiere eingesetzt werden. Füttern Sie auch Ihrem Hund frisches Kürbisfleisch (als Vitaminlieferant), Kürbiskernöl (für schönes Fell) und Kürbiskerne (als Wurmkur).

Kürbis enthält quasi kein Fett, kaum Kohlenhydrate, dafür jedoch eine Menge Eiweiß, Vitamine und Mineralstoffe. Wer ein paar Pfunde zu viel auf den Rippen hat und auf einfache und gesunde Weise abnehmen möchte, ersetzt einfach eine Mahlzeit des Tages durch einen Rohkostsalat mit Kürbis oder durch eine Kürbissuppe. Oder Sie machen einfach hin und wieder einmal einen Kürbistag.

Der hohe Wasseranteil und die Ballaststoffe machen Kürbisfleisch zu einem idealen Diätlebensmittel: Es ist fast fettfrei und spendet dem Körper Vitalstoffe, statt ihn mit unnötigen Fettkalorien zu belasten. Wenn Sie Kürbisfleisch essen, kommt dies einer Reinigung von innen gleich: Der Kürbis wirkt ausschwemmend, seine Ballaststoffe saugen Giftstoffe im Darm auf und transportieren sie ab. Vitamin A unterstützt unser Immunsystem, Vitamin C ist das Antistressvitamin überhaupt, und der kürbiseigene »Mineralstoffcocktail« ist in einem für unseren Stoffwechsel idealen Verhältnis aufeinander abgestimmt. Fazit: Lieber eine Vitamin- oder Mineralstoffpille weniger einnehmen, dafür eine ordentliche Portion frisches Kürbisfleisch in den täglichen Speiseplan einbauen.

Inhaltsstoffe des Fruchtfleisches (pro 100 g):

Kalorien:	20 bis 40
Wasser:	90 bis 95 g
Kohlenhydrate:	2 bis 5 g
Eiweiß:	0,5 bis 1 g
Fett:	unter 0,5 g
Ballaststoffe:	1 bis 2 g
außerdem:	Vitamin A und C, Mineralstoffe wie Kupfer, Eisen, Magnesium, Kalium

Anmerkung: Bei diesen Angaben handelt es sich um Durchschnittswerte, die von Sorte zu Sorte variieren; außerdem sind Winterkürbisse vitaminreicher als Sommerkürbisse.

Inhaltsstoffe der Kürbiskerne (pro 100 g):

Kalorien:	520
Fett:	42 g
Eiweiß:	33 g
Ballaststoffe:	13,8 g
Kohlenhydrate:	13,4 g
Wasser:	7 %
außerdem:	Mineralstoffe wie Magnesium, Kupfer, Eisen, Zink, Phosphor, Kalium, Nikotin- und Folsäure

Anmerkung: Die Inhaltsstoffe können mengenmäßig von Kürbissorte zu Kürbissorte variieren. Ebenso sind Vitamin- und Nährstoffgehalt selbstverständlich abhängig von Faktoren wie Düngung oder Reifegrad der Kürbisse bei der Ernte.

Wie alle Nüsse und Samen sind auch Kürbiskerne aufgrund ihres hohen Fettgehalts (besonders die Kerne des so genannten Ölkürbisses) extrem nährreich und sollten nur in ganz kleinen Mengen verzehrt werden. Für den hohen Fettgehalt spricht allerdings, dass es sich um bis zu 45 Prozent ungesättigte Fettsäuren handelt, die unser Organismus für zahlreiche Stoffwechselvorgänge wie Zellaufbau, Zellatmung, Cholesterintransport und vieles mehr benötigt. Außerdem sind in den Kürbiskernen Enzyme enthalten, die dem menschlichen Körper dabei helfen, das im Kürbisfleisch enthaltene Karotin in das lebenswichtige Vitamin A umzubauen; es ist also nicht nur vom geschmacklichen, sondern auch vom gesundheitlichen Aspekt her unbedingt empfehlenswert, über ein Kürbisgericht oder auch über eine andere Mahlzeit als »i-Tüpfelchen« noch einige Kürbiskerne zu geben. Nicht zuletzt können meiner Ansicht nach Kürbiskerne – über eine Mahlzeit gestreut oder auch jeden Tag ein- bis zweimal gekaut – die heute vielerorts bereits erhältlichen Nahrungsmittel, die industriell mit lebenswichtigen Stoffen wie Vitaminen, Mineralstoffen und Spurenelementen angereichert werden, überflüssig machen.

81

Das reichlich im Kürbiskern vorhandene Spurenelement Selen hat auch einen äußerst positiven Einfluss auf alle Harnwegserkrankungen.

82

Verwenden Sie den Kürbis als Hausmittel, so gilt auch heute noch die eiserne Regel: Nur frisches Kürbisfleisch und frische Kerne sollten verwendet werden. Altes Fruchtfleisch und ranzige Kerne können nicht helfen.

Gesundheit

Bevor Sie den Kürbis als Heilmittel einsetzen, muss Ihnen die Art Ihrer Beschwerden klar sein. Handelt es sich bei Ihrer trockenen Haut an den Händen um eine normale Abnutzung, beispielsweise durch zu viel Hausarbeit? Oder liegt eine tiefer liegende Störung des Stoffwechsels, beispielsweise ein Ekzem oder eine Allergie, vor? Solche Fragen gilt es im Vorfeld immer abzuklären. Auch bei chronischen Erkrankungen sollten Sie vor einer Kur zu Hause Ihren Arzt befragen. Dies gilt auch für den Fall, dass Sie schon Arzneimittel einnehmen. Sind diese mit den Hausmitteln Ihrer Wahl verträglich? Wer glaubt, Hausmittel wie Obst und Gemüse seien immer unbedenklich einzusetzen, dem sei als kleine Warnung folgender Hinweis gegeben: Durch seine harntreibende Wirkung bringt der Kürbis den Körper dazu, vermehrt Harn über die Nieren auszuscheiden. Das allerdings bedeutet, dass gleichzeitig auch vermehrt Zucker ausgeschieden wird. So kann es bei einem Menschen, der bereits an Unterzucker leidet, schnell zu einer Risikosituation, das heißt zu Unterzucker kommen. Sie sehen, es ist also in jedem Fall besser, Hausmittel erst nach Absprache mit dem Hausarzt einzunehmen oder anzuwenden. Sollte Ihr Arzt Hausmitteln eher skeptisch gegenüberstehen, können Sie natürlich auch einem Heilpraktiker einen Besuch abstatten. Gerade der Kürbis bietet sich für den Einsatz zusammen mit anderen Heilpflanzen besonders an. Die Kombination macht die Wirkung aus, und hier kann fachliche Hilfe den Einsatz von Hausmitteln wesentlich verbessern!

Anbei noch ein Tipp: Beobachten Sie den Markt natürlicher Heilmittel sehr sorgfältig. Immer wieder kommen neue Einsatzmöglichkeiten für die Heilpflanze Kürbis zu den schon erforschten hinzu: Ob es sich um Allergien, Störungen der Fruchtbarkeit, ein gestörtes Herz-Kreis-Lauf-System oder andere Krankheiten handelt – die wertvollen Inhaltsstoffe des Kürbisses und seines Samens könnten aufgrund ihrer Vielseitigkeit noch manche positive Überraschung bereithalten. Ebenso werden auch in der Kosmetik immer wieder neue Gebiete entdeckt, in denen der Kürbis samt Samen und Kernöl durchaus kleine Wunder bewirkt.

83

Inzwischen ist bekannt, dass die Aufnahme von essenziellen Fettsäuren den Anteil des schädlichen LDL-Cholesterins im Blut zu senken vermag. Essenzielle Fettsäuren sind vor allem im Kürbiskernöl enthalten. Es liegt also nahe, eine Therapieform zu suchen, bei der Kürbiskernöl den Cholesterinspiegel senkt.

Blasenschwäche

Fast jede Frau kennt das Gefühl: Das Wasserlassen brennt, manchmal geht ungewollt Wasser ab, dazu kommt der dauernde Drang, eine Toilette aufzusuchen. Hier hilft der Verzehr von Kürbiskernen. Ihre Wirksamkeit bei Blasenschwäche ist inzwischen wissenschaftlich erforscht. Man vermutet, dass die darin enthaltenen Spurenelemente zum einen den Stoffwechsel der Blasenmuskeln fördern und sich die hohen Mengen an Vitamin E zum anderen positiv auf die Schließmuskelspannung auswirken.
Anwendung: Essen Sie täglich zwei gehäufte Esslöffel Kürbiskerne. Diese können Sie pur genießen oder unters Müsli oder den Joghurt rühren. Wer generell unter einer schwachen Blase leidet, sollte sich dies zur Gewohnheit machen.

84

Es ist nachgewiesen und wird von Wissenschaftlern immer mehr bestätigt, dass in Gegenden, in denen Kürbiskerne täglich geknabbert werden, Prostatabeschwerden deutlich seltener auftreten.

Prostatabeschwerden

Was für die Damen die Blasenschwäche, sind für die Herren die Prostataprobleme. Bei vielen beginnt sich diese Drüse ab dem 40. Lebensjahr zu vergrößern, was beim Wasserlassen Probleme bereitet. Das in den Kürbiskernen enthaltene Phytosterol hilft, die Schwellung der Prostata abzubauen, wodurch das Wasser wieder besser fließen kann.
Anwendung: Essen Sie täglich zwei gehäufte Esslöffel Kürbiskerne. Diese können Sie pur genießen oder unters Müsli oder den Joghurt rühren.

Nieren- und Blasenstärkung

Da unser Körper heutzutage durch Umwelt, gedüngte Lebensmittel, gechlortes Wasser etc. viel stärker mit Giftstoffen belastet ist als früher, kann es nicht schaden, die Ausscheidungsorgane Niere und Blase in ihrer Funktion zu stärken. Auch hier sind Kürbiskerne angesagt.
Anwendung: Kauen Sie dreimal täglich einige Kürbiskerne gründlich, oder streuen Sie diese klein gehackt unter den Joghurt oder über die Suppe.

Mit Kürbiskernen auf Ihrem Frühstücksmüsli verfeinern Sie den Geschmack und tun gleichzeitig etwas für Ihre Konzentrationsfähigkeit und für gute Nerven.

85

Kürbis als medizinische Frucht: Während die Kürbiskerne den hochwertigen Vitamin-B-Komplex liefern, der im gesamten Stoffwechsel eine wichtige Rolle spielt, enthalten Kürbisfruchtfleisch und Kürbissaft viel Kalium, das stark entwässernd und entschlackend wirkt.

Für Konzentration und starke Nerven

Kürbiskerne besitzen wie gesagt eine Menge Mineralstoffe, Spurenelemente, Vitamine und ungesättigte Fettsäuren, die die Kürbiskerne zu einem gesunden Snack machen, der schnell neue Energie liefert.
Anwendung: Wer auf eine Prüfung büffelt oder täglich im Job Konzentrationshochleistungen bringen muss, sollte immer wieder eine halbe Hand voll rohe oder geröstete Kürbiskerne kauen.

Anregung des Stoffwechsels

Es sind wieder einmal die wertvollen Vitamine, Mineralien und Spurenelemente, die es schaffen, einen – beispielsweise über den Winter – träge gewordenen Stoffwechsel zu aktivieren. Eine Frühjahrskur mit Kürbissaft ist der Blutbildung förderlich, schwemmt überflüssiges Wasser aus dem Körper, transportiert alte Schlacken ab und wirkt rundherum entgiftend.
Anwendung: Besorgen Sie sich Kürbissaft aus der Apotheke oder dem Reformhaus, und nehmen Sie zweimal täglich einen Esslöffel ein.

Kopfschmerz

Vielen ist ätherisches Pfefferminzöl auf Stirn und Schläfen aufgetragen zu geruchsintensiv, die Kühlung zu stark. Eine sanftere Alternative bietet bei Kopfschmerzen frisch püriertes Kürbisfleisch.
Anwendung: Tragen Sie frisch püriertes Kürbisfleisch auf Stirn und Schläfen auf, es lindert den Schmerz und kühlt. Für eine kleine Erfrischung zwischendurch können Sie von Zeit zu Zeit mit einem frisch aufgeschnittenen Stück Kürbis über Ihre Schläfen gehen.

86

Falls Sie oder Ihre Kinder einmal eine Wurmkur nötig haben sollten, so greifen Sie nicht gleich zur chemischen Lösung, sondern versuchen Sie, das Problem mit Hilfe von Kürbiskernen in den Griff zu bekommen. Wissenschaftler fanden nämlich heraus, dass die im Kürbis enthaltene Aminosäure Curcurbition eine stark wurmwidrige Wirkung hat.

Wurmkur gegen Bandwürmer

Auch heute noch wirken Kürbiskerne Wunder bei Bandwurmbefall. Skeptikern sei gesagt, es handelt sich dabei nicht mehr um die Rosskuren aus früheren Zeiten, sondern um ein äußerst probates, einfach einzunehmendes Mittel, welches den durch den Parasitenbefall bereits angeschlagenen Körper nicht noch zusätzlich belastet, wie das bei pharmazeutischen Wurmkuren der Fall sein kann.
Anwendung: Mahlen Sie eine halbe Tasse (etwa 30 bis 40 Gramm) Kürbiskerne im Mixer sehr fein, und mischen Sie diese mit etwas Karottensaft. Trinken oder löffeln Sie diesen flüssigen Brei schluckweise. So sollten Sie dreimal täglich fünf Tage lang verfahren. Danach sollten Sie Ihren Stuhl untersuchen lassen, um sicherzugehen, dass sämtliche Würmer abgegangen sind.

Schmerzende Beine und Krampfadern

Nach einem langen und arbeitsreichen Tag im Garten kommt man oft mit schmerzenden Beinen nach Hause, die dick angelaufen sind. Hochlegen ist hier das erste Mittel der Wahl. Aber auch eine Auflage aus frischem Kürbisfleisch hilft bei Schwellungen an den Beinen.
Anwendung: Raffeln Sie rohes Kürbisfleisch grob auf einer Gemüsereibe, und geben Sie es in ein dünnes Mulltuch. Dann legen Sie diese Auflage auf Ihre schmerzenden, hochgelegten Beine und lassen sie einige Zeit einwirken, bis Sie eine Linderung verspüren.

Schönheitspflege

Auch im kosmetischen Bereich kann man die vielfältigen Fähigkeiten des Kürbisses schätzen lernen. Denn seine Inhaltsstoffe haben auch äußerlich angewandt ein breites Wirkungsspektrum.

Hautprobleme

Trockene, schuppige Haut und Juckreiz sind darauf zurückzuführen, dass der Haut die Geschmeidigkeit fehlt. Diese können Sie Ihrer Haut durch regelmäßige Massagen mit Kürbiskernöl zurückgeben.
Anwendung: Massieren Sie reines Kürbiskernöl oder ein Gemisch aus 1/4 Kürbiskernöl, 1/4 Maiskeimöl, 1/4 Sonnenblumenöl und 1/7 Mandelöl regelmäßig nach dem Baden in Ihre Haut ein.
Auch der Verzehr von Kürbiskernen kann für Ihr Hautbild viel Gutes tun: Kürbiskerne enthalten viel Zink, das vom Körper dafür benötigt wird, das Kollagen in der Haut zu erhalten und neues aufzubauen. Zinkmangel ist daher auch einer der Gründe, warum manche Frauen zu Schwangerschaftsstreifen neigen, während andere davon verschont bleiben.
Anwendung: Essen Sie täglich 30 Gramm Kürbiskerne. Aber kauen Sie diese bitte sorgfältig.

87

Der hohe Anteil an Vitamin E im Kürbiskernöl gilt als Hautschönmacher Nummer eins! Das Kürbis-Mandelölgemisch sorgt besonders für faltenfreie, frische Haut. Sie können es auch aufs Dekolletee streichen und über Nacht einwirken lassen.

Unreine Haut

Mit seinem pH-Wert von 5 bis 5,5 kommt Kürbisfleisch unserer Haut sehr entgegen. Kürbissaft reinigt und klärt unreine Haut, was Wissenschaftler auf den hohen Kaliumgehalt zurückführen.
Anwendung: Um eine Tiefenreinigung durchzuführen, wärmen Sie ein Mulltuch oder weiches Geschirrtuch mit heißem Wasser an, wringen es aus und geben sofort Kürbissaft (im Reformhaus erhältlich) darauf. Legen Sie diese Kompresse auf Ihr Gesicht (Augen dabei aussparen), und lassen Sie sie für mindestens 15 Minuten einwirken. Die Haut wirkt danach rosig und frisch. Danach kann man versuchen, behutsam Mitesser und Pickel zu entfernen.

Erste Augenfältchen

Kürbiskernöl kann auch helfen, die ersten Gesichtsfältchen zu mindern. Seit meinem dreißigsten Lebensjahr verwende ich es für die Gesichtspflege und habe die besten Erfahrungen damit gemacht.
Anwendung: Klopfen Sie täglich etwas Kürbiskernöl in die betroffenen Hautpartien ein. Das Öl sollte nicht in die Augen kommen!

Schwangerschaftsstreifen

Auch gegen diese können Sie mit Kürbiskernöl oder einem Ölgemisch (siehe Hautprobleme) vorgehen bzw. ihnen vorbeugen.
Anwendung: Gönnen Sie sich täglich zwei Massagen, bei denen Sie das Öl in die gedehnte Haut der Bauchgegend einarbeiten.

Erste Hilfe bei Sonnenbrand

Ein äußerst wirksames Mittel bei Sonnenbrand ist eine Auflage aus Kürbisfleisch. Es lindert den Schmerz und das Brennen, kühlt und gibt der Haut die notwendige Feuchtigkeit zurück.
Anwendung: Kochen Sie entkerntes Kürbisfleisch in wenig Wasser gar, schütten Sie das Wasser ab, pürieren Sie das Fleisch, und stellen Sie das Mus über Nacht in den Kühlschrank. Danach die verbrannten Stellen damit bedecken und die Auflage 30 Minuten wirken lassen.

Rissige Hände

Haus- und Gartenarbeit, Kälte oder Hitze, eine trockene Haut, dies alles kann zu Schwielen und unschönen »Arbeitshänden« führen. Hier ist eine nächtliche Kur mit Kürbiskernöl empfehlenswert.
Anwendung: Besorgen Sie sich in der Apotheke dünne, weiche Baumwollhandschuhe. Reiben Sie Ihre Hände vor dem Schlafengehen großzügig mit reinem Kürbiskernöl oder einem Gemisch von halb Kürbiskernöl, halb Mandelöl ein. Ziehen Sie die Handschuhe darüber, und lassen Sie das Öl über Nacht einwirken.

88

Sammeln Sie Informationen rund um den natürlichen Gesund- und Schönmacher Kürbis, und erforschen Sie auch an sich selbst, wie wohlbringend, ja sogar heilend der Verzehr von Kürbis und anderen Obst- und Gemüsesorten sein kann.

Für die ganze Familie: Bastelspaß und Dekorationen aus und mit Kürbis.

Spiel und Spaß rund um den Kürbis

Was für den Winter der Schneemann, ist für den Herbst der Kürbis! Kennen Sie schon die vielfältigen dekorativen Möglichkeiten des Kürbisses? Tischschmuck, Blumenschmuck, Gartendekorationen und nicht zuletzt die zahlreichen Bastel- und Spielvergnügen für die Kinder. Das Schöne daran ist: Kürbisdekorationen sind meist ganz unkompliziert zu gestalten, das Material ist überall erhältlich, und die Kosten halten sich stets in Grenzen.

Kürbisdekorationen für drinnen und draußen

Die abendliche Runde mit unserem Hund macht uns im Herbst ganz besonders viel Spaß, denn nun gibt es in den Vorgärten und auf Treppenaufgängen viele phantasievolle Kürbisdekorationen zu bewundern. Einige dieser Dekorationsideen für drinnen und draußen möchte ich Ihnen im Folgenden vorstellen. Obwohl ein ausgehöhlter, mit Kerzenlicht beleuchteter Kürbis an und für sich schon die schönste aller Dekoideen ist, gibt es doch noch unzählige weitere lustige Dekorationsmöglichkeiten aus und mit dem Kürbis. Und besonders wenn rund um den Kürbis gekocht und diniert wird, gehört eine passende Tischdekoration natürlich dazu.

89

Kleine Zierkürbisse können Sie sogar auf den Adventskranz stecken oder auch in ein weihnachtliches Gesteck mit Tanne, Zapfen und Kerzen integrieren.

Kürbistischschmuck

Zierkürbisse: Am einfachsten ist es, einige Zierkürbisse in der Tafelmitte auszulegen oder diese mit einigen Trockenblumen und einer Bahn aus rustikalem Leinen, kariertem Baumwollstoff oder einem Netzgeflecht zu kombinieren.

Edle Kürbisse: Besorgen Sie sich eine Spraydose Goldlack, und besprühen Sie Zierkürbisse damit entweder ganz oder nur stellenweise, so dass die natürliche Farbe noch zu sehen ist. Kombiniert mit goldenen Kerzen, Platztellern und goldfarbenen Servietten erhält man eine Tischdekoration, die sich auch für elegante Einladungen eignet.

Sie können auch goldlackierte Kürbisse mit Efeuranken, die Sie ebenfalls mit Goldlack besprüht haben, kombinieren.

Kürbisse als Kerzen- oder Platzhalter

Möchten Sie nicht die Tischmitte schmücken, sondern lieber jeden Essplatz dekorieren, dann können Sie von kleinen, runden Zierkürbissen vom Boden zwecks Standfestigkeit eine Scheibe abschneiden. Ins Oberteil ritzen Sie für die Halterung von Namensschildern einen schmalen Schlitz oder eine etwa 2,5 Zentimeter tiefe Aushöhlung mit dem Durchmesser der gewünschten Kerze. Platzieren Sie vor jeden Teller einen solchen Kerzen- oder Platzhalter.

Auf einem Büffet mit Kürbisspezialitäten können Sie solche Schilder auch als kleine Speisekarten gestalten.

Kürbisse im Blumenschmuck

Kürbisse und anderes herbstliches Gemüse kombiniert mit Blumenschmuck ist nicht erst in den letzten Jahren Trend geworden, sondern wird seit Jahrhunderten auf Erntedanktafeln weltweit kombiniert.

Passendes Dekozubehör

- Schnittblumen wie Sonnenblumen, Astern, Strohblumen
- Efeu, buntes Laub, Gräser, Hopfenranken
- Herbstliches Obst und Gemüse wie Äpfel, Birnen, Mais, Zuckerrüben
- Dekoratives aus Wald und Flur wie Hagebutten, Ebereschenbeeren, Holunderbeeren, Kastanien, Bucheckern
- Rustikale Stoffe wie karierte Baumwollstoffe, Sackleinen
- Dekobänder

90

Werden Sie kreativ, und fertigen Sie selbst Blumenschmuck mit Zierkürbissen und Dekorationsmaterial aus der Natur (wie Hagebutten, Tannenzapfen oder Nüssen) an. Dies liegt nicht nur ganz im Trend, sondern ist zudem auch noch sehr kostengünstig.

91

Besonders schöne, ausgehöhlte und einwandfreie Kürbisexemplare können auch mit Erde gefüllt und mit Erika bepflanzt werden.

Kleine Kürbisse können Sie mit festem Draht aufdrahten und in einen herbstlichen Strauß einbeziehen. Passende Begleiter dazu sind Strohblumen, Sonnenblumen, herbstliches Laub, Hopfenranken, Peperonischoten, Efeuzweige, Gräser, Hagebutten, Äpfel und vieles mehr.

Auf Wochenmärkten und in Blumenhandlungen werden oftmals wunderschöne Sträuße mit Kürbissen fertig angeboten.

Kürbisblumenvasen

Schneiden Sie von einem großen Kürbis den Deckel ab, höhlen Sie ihn mit Löffel und Messer aus – dabei einen mindestens 1,5 Zentimeter dicken Rand stehen lassen –, und verwenden Sie ihn als Blumenvase. Besonders schön sieht ein dicker Strauß gestutzter Sonnenblumen in einem Gelben Zentner oder ein Strauß mit ziegelroten Herbstblumen in einem roten Hokkaido aus.

Den Kürbis direkt mit Wasser und Blumen zu füllen ist nur bei wirklich einwandfrei erhaltenen Stücken zu empfehlen. Hat die Schale kleine Verletzungen, kann das Wasser aussickern; in diesem Fall ist es besser, ein Einmachglas, eine Blechdose oder Ähnliches als Wassergefäß in den Kürbis zu stellen.

Formschön, individuell und wasserdicht – eine Kürbisvase.

Kürbisse als Raumschmuck

Ein Korb aus ungebleichter Weide, gefüllt mit etwas Stroh und bunten Zierkürbissen, verleiht jeder Wohnung einen herbstlichen Touch. Auch einige Kürbisse der verschiedensten Art zwischen den Topfpflanzen auf dem Fensterbrett verteilt oder auch nur ein besonders schönes und großes Exemplar an exponierter Stelle platziert kann eigentlich schon Schmuck genug sein. Wenn Sie jedoch gerne und häufig viele Gäste haben und Sie ein bisschen Mühe nicht scheuen, dann haben Sie vielleicht Freude daran, ein kleines oder auch größeres Erntedankbüffet zu gestalten und aufzubauen.

92

Laden Sie Gäste zum Erntedankfest ein, und schmücken Sie den Eingangsbereich Ihrer Wohnung oder Ihres Hauses mit einem Erntedankbüffet. Übrigens: So ein herbstliches Büffet passt auch gut in den Eingang von Hotels oder Restaurants.

Das Erntedankbüffet

Hierzu benötigen Sie ein Büffet, eine Anrichte oder einen extra für diesen Zweck aufgestellten Tisch. Je nach Beschaffenheit des Tisches können Sie direkt auf die Tischplatte dekorieren oder diese mit einer passenden Stoffbahn (beispielsweise karierter Baumwollstoff oder Naturleinen etc.) abdecken. Lagern Sie nun Kürbisse, Äpfel, Birnen, Trauben, Maiskolben und andere Obst- und Gemüsearten so, dass die größeren Stücke möglichst hinten und die kleineren mehr vorne liegen. Schmücken können Sie diese Tafel weiter mit gestickten Tischbändern oder passendem karierten Schleifenband, Strohblumen oder einem herbstlichen Blumenstrauß.

Das Kürbisnest

Für das Kürbisnest höhlen Sie einen großen Kürbis wie zum Beispiel einen Gelben oder auch einen Roten Zentner aus und lassen dabei einen etwa 1,5 Zentimeter dicken Rand stehen. Dann lassen Sie den ausgehöhlten Kürbis bei Raumtemperatur mindestens ein paar Stunden oder auch ein paar Tage austrocknen. Füllen Sie den Kürbis anschließend mit etwas Heu oder Stroh, setzen Sie eine Keramikente oder eine Keramikgans in die Mitte, und legen Sie mehrere kleine Kürbisse als Eier darum herum.

Kürbisse im Schubkarren

Hübsch anzusehen sind Kürbisse, die zum Trocknen in einem Schubkarren nach der Ernte noch einige Tage Sonnenschein genießen dürfen – der praktische Nutzen, das Nachreifen also, steht dabei außer Diskussion. Füllen Sie einen Schubkarren mit sauberem Heu oder Stroh, und setzen Sie einfach die Kürbisse hinein. Als dekoratives i-Tüpfelchen können Sie je eine dicke Schleife aus Geschenkband an die Griffe links und rechts binden.

Wer keine Kürbisse zum Trocknen hat, kann lediglich ein oder zwei Exemplare in einen Schubkarren setzen und diese mit einigen Töpfchen rot blühender Erika oder auch Efeu kombinieren.

Kürbisstillleben mit Strohpuppe

Im Bastelfachhandel gibt es zur Herbstzeit unzählige kleine Strohfiguren auf hölzernen Stäbchen, die Sie entweder direkt ins Blumenbeet, in Blumentöpfe, in Sträuße setzen oder eben auch für eine Kürbisdekoration verwenden können. Suchen Sie dazu nach einem mittelgroßen, schön gewachsenen Kürbisexemplar, und verwenden Sie es als »Steckmasse«: Piksen Sie eine passende Strohfigur oben in seine Mitte. Außerdem benötigen Sie ein bis zwei Maiskolben, ein bis zwei Äpfel und eine Birne. Spießen Sie jede Frucht mit einem Schaschlikspieß auf, und piksen Sie diese dann rund um die Strohpuppe herum auf dem Kürbis fest. Zur Abrundung können Sie aus passendem Geschenkband Schleifen binden und diese ebenfalls mit Spießen feststecken. Ein solches Stillleben sieht besonders einladend am Hauseingang oder auf einer Treppe aus.

93

Wenn Sie Ihre Kürbisdekorationen an frostgeschützten Stellen in Ihrem Garten oder auf Ihrem Balkon aufbauen, dann können diese sogar den Winter überdauern.

Der Kürbiskavalier

Wesentlich aufwändiger herzustellen, aber unglaublich dekorativ sind lebensgroße Kürbispuppen.

Variante 1: Um einen großen Leib herzustellen, können Sie entweder mit alten Besenstielen eine T-Form herstellen oder dazu festen

Beim Kürbiskavalier sind der Kreativität von Groß und Klein keine Grenzen gesetzt.

Draht verwenden und diesen mit Stoffbahnen umwickeln, bis eine Körperform in der richtigen Größe entsteht. Sie können ebenso gut auch aus festem Sackleinen Arme und Beine nähen und diese mit Holzwolle ausstopfen oder einen Sack Holzkohle als festen Leib verwenden! Für den Kopf suchen Sie sich einen mittelgroßen Kürbis. Dieser wird mit einem Holz- oder Metallstab aufgespießt und auf dem Rumpf befestigt. Jetzt benötigt der Kavalier noch einen passenden Hut, alte Schuhe und als zusätzliche Dekoration einen großen Korb im Arm, gefüllt mit erntefrischem Obst und Gemüse.

Variante 2: Orientieren Sie sich an einem Schneemann: Suchen Sie drei verschieden große Kürbisse, und verbinden Sie diese miteinander mittels Draht- oder Holzstäbchen. Der größte Kürbis kommt zuunterst, der kleinste als Kopf nach ganz oben. Als Augen können Kastanien, als Nase eine Möhre und als Arme zum Beispiel Maiskolben verwendet werden. Ein solcher Kürbiskavalier ist schnell gebastelt und macht Groß und Klein viel Spaß! Selbstverständlich wird für ihn der beste Platz am Haus oder im Garten reserviert!

Nach einer Party dürfen sich die Gäste aus dem Korb des Kavaliers Obst, Gemüse oder auch kleine Überraschungen nehmen.

94

Bei einem Gartenfest kann der Kürbiskavalier die Gäste schon am Eingang begrüßen. Und wenn er danach einen geschützten Platz erhält, so kann er im Winter mit dem Schneemann um die Wette lachen.

Kürbisvergnügen für Kinder

95

Wenn Ihre Kinder Kürbisse schnitzen, so bedenken Sie, es besteht Verletzungsgefahr! Sehr leicht kann das Messer beim Kürbisschnitzen abrutschen. Am besten keine allzu scharfen Messer nehmen! Manchmal lässt sich das Fleisch auch mit einem Löffel herauskratzen.

Der Kürbis ist ein ideales Gemüse, um Kinder an die Freude an Garten und Natur heranzuführen. Denn da er schnell wächst, strapaziert er die Geduld kleinerer oder auch schon größerer Kinder in gerade noch erträglichem Maß. Gerade einmal hundert Tage dauert es, bis ein Kürbissämling bei guten Bedingungen zu einem großen Kürbis ausgewachsen ist – das ist für Kinder eine gut nachvollziehbare Zeit. Machen Sie im Gegensatz dazu einem Fünfjährigen einmal klar, dass es viele Jahre dauert, bis der erste Apfel vom Baum fällt!

Wie wäre es daher, wenn Ihr Kind seinen ganz persönlichen Kürbis anpflanzen darf? Mitte April stecken Sie dazu einen Kürbissamen – am besten einen Jack O'Lantern wählen, da sich dieser auch zum Schnitzen eignet – in ein Blumentöpfchen auf dem Fensterbrett. Das Jungpflänzchen können Sie dann gemeinsam Mitte Mai in den Garten setzen. Lassen Sie Ihr Kind ein wasserfestes Schild malen oder schreiben, auf dem der Name des Kürbisses und sein Pflanzdatum vermerkt sind, und stecken Sie es neben die Kürbispflanze. Auch an der Pflege können Sie Ihr Kind natürlich teilhaben lassen – die Freude, wenn der Kürbis geerntet werden kann, ist dann besonders groß!

Altbekannt und sehr beliebt ist der traditionelle Halloweenkürbis, den Kinder mit viel Begeisterung schnitzen.

Halloweenkürbisse schnitzen

Einen Kürbisgeist zu schnitzen macht Groß und Klein gleichermaßen Spaß und geht relativ schnell und einfach. Bei kleineren Kindern würde ich jedoch empfehlen, die Schnitzarbeiten nur unter Aufsicht durchführen zu lassen oder sie selbst zu machen.

96

Haben Sie schon einmal eine Halloweenparty mit Ihren Kindern gefeiert? Nein? Dann planen Sie dieses Fest für den nächsten Kindergeburtstag. Noch lange danach werden die Kleinen von dieser Party schwärmen!

Material

1 großer Kürbis (Jack O'Lantern, Gelber Zentner o. Ä.) · 1 dicker Filzstift
1 scharfes Messer · 1 Löffel · 1 Teelicht oder 1 Grabkerze

Bastelanleitung

1 Vom Kürbis den oberen Teil deckelförmig abschneiden. **2** Das Fruchtfleisch mit dem Löffel herauskratzen, dabei eine Wand von 1,5 Zentimeter Dicke stehen lassen. **3** Mit Filzstift entweder ein Gesicht auf den Kürbis zeichnen oder Phantasiemuster wie Sterne, Sonne und Mond. **4** Die Muster ausschneiden. Achtung! Das Messer kann wegrutschen und Sie verletzen. **5** In den Deckel ein Luftloch von etwa 3 Zentimeter Durchmesser schneiden. **6** Die Kerze anzünden, hineinstellen und den Deckel darauflegen.

Die Halloweenparty

Auch hier stellt sich wieder die Frage: Wem macht die Halloweenparty eigentlich mehr Spaß: den Eltern oder ihren Kindern? Wie Sie an so ein Fest herangehen, bleibt allein Ihrer Phantasie und Ihren Möglichkeiten überlassen. Nützlich sind folgende Materialien:

Material

Mehrere Kürbisse zum Aushöhlen oder Schnitzen · Küchenmesser · Löffel
Kerzen · Stoffe oder anderes Material für Kostüme · Vorlesebuch mit
Schauergeschichten und Gruselmärchen (vorzugsweise über Halloween)
eine nicht alkoholische Kürbisbowle (siehe Seite 71) · Kürbiskuchen und
-gebäck (siehe Seite 67ff.) · Dekorationsmaterial zum Thema Kürbis
und Halloween

97

Wie wäre es, einmal gemeinsam mit den Kindern ein Kürbisgericht zuzubereiten? Im Rezeptteil (Seite 30 bis Seite 71) finden sich viele Gerichte, die Kindern sehr gut schmecken. Besonders imposant ist natürlich der Spaghettikürbis. Aber auch Süßspeisen mit Kürbisfleisch lieben die meisten Kinder.

Partyablauf

Der Ablauf Ihrer Halloweenkinderparty ist völlig frei: Sie können zusammen mit den Kindern die schönsten Kürbisse aus dem Garten ernten und danach gemeinsam die Halloweenkürbisse schnitzen und Kürbisgerichte kochen. Ihre Kinder können es auch den amerikanischen Kids nachmachen und verkleidet von Haus zu Haus gehen und um Süßigkeiten bitten (natürlich geht hier am besten immer ein Erwachsener mit und hält sich im Hintergrund). Sie können auch nur eine fröhliche Tafel mit Essen, Trinken, Geschichtenvorlesen und Spielen veranstalten.

Kürbisfest aus Ohio

Am 15. Oktober wird in Ohio das Kürbisfest gefeiert. Vielleicht haben Sie einmal Lust, dieses Fest nachzufeiern. Laden Sie sich am Abend Freunde ein. Und während die Kinder Kürbislaternen schnitzen und in der Dunkelheit Gespenster spielen, wird für alle eine kräftige Kürbissuppe gekocht. Traditionell wird in Ohio in eine cremig gekochte Hühnersuppe mit halb Hühnerbrühe und halb Milch gewürfeltes, gekochtes Kürbisfleisch gegeben und die Suppe danach mit Zitronensaft, Pfeffer und Muskatnuss abgeschmeckt. Sie können aber auch eine Ihrer Lieblingssuppen aus dem vorherigen Rezeptteil (siehe Seite 30ff.) auswählen.

Material

Spiel: *Kürbisse zum Schnitzen · Messer · Teelichter oder Grabkerzen*

alte Bettlaken (für Gespensterkostüme) · Gürtel

Suppe: *siehe oben*

Kinder-Kürbisküche

Besonders spannend kann es für Kinder sein, nicht nur ein Gericht aus Kürbisfleisch zu kochen, sondern auch gleich das passende Essgeschirr herzustellen. So kann jeder aus einer mit eigenen Händen geschnitzten Schale essen.

Material (je nach Teilnehmerzahl)

Kürbisse (mittelgroß) · Küchenmesser · Löffel · Kürbisgericht

Bastelanleitung

1 Die Kürbisse von den Kindern aushöhlen lassen (Vorsicht – Verletzungsgefahr!), einen Rand von 1 Zentimeter Dicke stehen lassen. 2 Für mehr Standfestigkeit am unteren Ende eine schmale Scheibe abschneiden. 3 In die ausgehöhlten Schalen Reis- oder Nudelgerichte aller Art, Kürbissuppen oder Kürbissüßspeisen füllen.

Arche Noah

Fast jedes Kind nennt einen Bauernhof mit Tieren sein Eigen. Eine lustige Dekoidee, an der auch die kleinen Kinder Spaß haben, ist eine Arche Noah.

Material

1 länglicher Kürbis (z. B. Pink Banana) · 1 Messer · 1 Löffel zum Aushöhlen · Holzstäbchen und Kleber, um eine Leiter zu bauen · kleine Spielzeugtiere, eine Figur als Noah · nach Wunsch eine Kinderbibel (um die Geschichte der Arche Noah vorzulesen)

Bastelanleitung

1 Den Kürbis aushöhlen, einen Rand von 1,5 Zentimeter stehen lassen. Für die Standfestigkeit am unteren Ende eine Scheibe abschneiden oder den Kürbis auf ein Holzbrett stellen. 2 Den ausgehöhlten Kürbis einige Tage bei Zimmertemperatur austrocknen lassen. 3 Aus den Holzstäbchen eine Leiter basteln und über diese die Tiere in die Arche einsteigen lassen, dabei Noah nicht vergessen!

Kürbiskernkette

Nicht nur kleine Mädchen haben an einer Kette aus Kürbiskernen viel Spaß, auch Jungen lieben es zuweilen, sich Armbänder oder Ketten zu machen.

98

Das Spielen mit einfachen Zutaten und Materialien aus der Natur regt die Phantasie und Kreativität der Kinder weitaus mehr an als teures Plastikspielzeug. Beobachten Sie einmal, was Ihren Kindern alles einfällt, wenn sie mit Kürbiskernen spielen.

Material

Kürbiskerne · 1 Stopfnadel · Zwirn oder fester Faden · Schere

Bastelanleitung

1 Damit sich die Kerne gut durchstechen lassen, sollten sie relativ frisch sein. **2** Beim Entkernen die angefallenen Samen nicht wegwerfen, sondern diese reinigen und ein paar Tage trocknen lassen. **3** Festen Faden in eine Stopfnadel einfädeln und den Kindern zeigen, wie sie die Kürbiskerne zu einer Kette aufziehen können. **4** Die Enden der Kürbiskernkette zum Schluss verknoten.

99

Stellen Sie statt Chips oder Süßigkeiten eine kleine Schale mit gerösteten Kürbiskernen auf den Tisch. Die Vitalstoffe der Kerne sind auch für Kinder höchst wichtig und tragen u. a. zur Konzentrationsfähigkeit bei.

Kürbiskernspiel

Material

1 Beutel Kürbiskerne · 1 kleiner Preis für den Gewinner

Spielanleitung

Hier können bis zu sechs Kinder mitspielen. Jedes Kind bekommt die gleiche Anzahl Kürbiskerne. Pro Spielrunde legt jedes Kind zwei Kerne in die Mitte des Tisches. Ein Kind dreht sich um. Sein Nachbar

Ein großer Spaß für Kinder: der Riesen-Halloweenkürbis.

zeigt nun mit dem Finger auf einen ganz bestimmten Kern, den sich alle merken. Das Kind, das sich umgewandt hatte, darf jetzt beginnen, die Kürbiskerne nacheinander aus der Mitte zu holen und diese an sich zu nehmen. Greift es zu dem vorher bezeichneten Kern, rufen die anderen »Stopp«. In der nächsten Runde legt wieder jedes Kind zwei Kerne in die Tischmitte. Wer am Ende des Spieles die meisten Kerne ergattert hat, ist Sieger und bekommt einen kleinen Preis.

100

Mein Rat lautet: Halten Sie die Augen offen nach neuen Rezepten, Spiel- und Dekorationsideen für Kürbis & Co. Frauenzeitschriften, Kochsendungen und der Austausch mit anderen Kürbisliebhabern können ständig neue, jahreszeitgemäße Ideen liefern, die Sie nach Lust und Laune ausprobieren und in Ihre Kürbissammlung mit aufnehmen können.

Kürbiskernwettessen

Material (je nach Teilnehmerzahl)

Kleine Schälchen · Stecknadeln · Kürbiskerne (geröstet)

Spielanleitung

Jeder Spieler erhält zwei kleine Schälchen und eine Stecknadel. In dem einen Schälchen befindet sich eine vorher abgezählte Anzahl an gerösteten Kürbiskernen (z. B. 20 bis 30 Kerne), das andere Schälchen ist leer. Mit einer Stecknadel versucht nun jeder Spieler, so schnell wie möglich seine Kerne in das leere Schälchen umzufüllen. Erst wenn alle Kerne in diesem Schälchen angekommen sind, darf geknabbert werden. Und wer zuerst alle Kerne aufgegessen hat, ist Sieger.

Kürbisrennen

Material (je nach Teilnehmerzahl)

Kürbisse (z. B. Gelber Zentner) · Kochlöffel oder große Löffel

Spielanleitung

Falls die Kürbisernte einmal besonders reichhaltig gewesen sein sollte und nicht alle Früchte für die Küche gebraucht werden, bietet sich das lustige Kürbisrennen an. Jeder Spieler versucht mit einem Löffel, einen Kürbis über eine zuvor abgesteckte Ziellinie zu treiben. Da Kürbisse im Gegensatz zu Bällen jedoch nicht ganz rund sind, sondern mit Schlagseite rollen, verlangt dieses Spiel große Geschicklichkeit. Wer seinen Kürbis zuerst ins Ziel treiben konnte, ist Gewinner.

Impressum

Der W. Ludwig Verlag ist ein Unternehmen der Verlagshaus Goethestraße GmbH & Co. KG.

Redaktion:
Julei M. Habisreutinger
Projektleitung:
Berit Hoffmann
Redaktionsleitung:
Dr. Reinhard Pietsch
Bildredaktion:
Gabriele Feld
Umschlag:
Till Eiden
DTP/Satz:
Mihriye Yücel, München
Produktion:
Manfred Metzger (Leitung)
A. Aatz, Dr. E. Weigele-Ismael
Druck:
Weber Offset, München
Bindung:
R. Oldenbourg, München

Gedruckt auf chlor- und säurearmem Papier

Printed in Germany

ISBN 3-7787-3806-2

Über die Autorin

Katharina König ist freiberufliche Autorin und Fachjournalistin auf den Gebieten Ernährung und Gesundheit. Sie hat Agrarwissenschaften studiert und bewirtschaftet zusammen mit ihrer Familie einen Schwarzwaldhof.

Hinweis

Das vorliegende Buch ist sorgfältig erarbeitet worden. Dennoch erfolgen alle Angaben ohne Gewähr. Weder Autor noch Verlag können für eventuelle Nachteile oder Schäden, die aus den im Buch gemachten praktischen Hinweisen resultieren, eine Haftung übernehmen.

Anmerkung der Redaktion

Diesem Buch liegt die im Juli 1996 in Wien beschlossene und seit 1.8.1998 verbindliche Neuregelung der deutschen Rechtschreibung zu Grunde.

Literatur

Katharina König: Fettfrei backen, Südwest Verlag München 1999
Oberbeil, Klaus / Lentz, Christiane: Obst und Gemüse als Medizin, Südwest Verlag München 1996
Oberbeil, Klaus: Fitmacher für jeden Tag, Südwest Verlag München 1998
Das große Lexikon der Lebensmittel, Südwest Verlag München 1998

Bildnachweis

Alle Bilder stammen von Dirk Albrecht, Meinzerhagen, mit Ausnahme von: AKG, Berlin: 7; Fotoarchiv, Essen: U4 (J. Tack); IFA - Bilderteam, Taufkirchen: 82 (Chromosom), 18 (Maier); Christian Kargl / Ute Schoenenburg, München: Titel / Fond, Titel / Einklinker; Ulrich Kerth, München: 13; Südwest Verlag, München: 24 (C. Kargl / U. Schoenenburg), 26 (K. Newedel); Tony Stone, München: 1 (S. Layda); Transglobe, Hamburg: 72 (W. Watzl)

Rezepteregister

Sachregister